Erasmo de Rotterdam

SOBRE EL LIBRE ALBEDRÍO

Introducción y versión de Luis Frayle Delgado

Apéndice de Andrés Rodríguez

1ª ed., enero de 2026

Imagen de portada:
Hans Holbein, Retrato de Erasmo de Rotterdam

Una iniciativa de Cypress Cultura
htpp://www.cypress.com.es

ISBN: 979-13-87504-19-9
Depósito legal: SE 3260-2025

IMPRESO EN LA UNIÓN EUROPEA

ÍNDICE

INTRODUCCIÓN

"Gratia et libertas": Configuración teológica del sujeto
en la encrucijada humanista del Renacimiento
por Andrés Rodríguez

INTRODUCCIÓN

1. Noticia histórica de la polémica sobre el libre albedrío.

Erasmo (Rotterdam, 1467 o 1469–Basilea, 1536) publicó esta *Polémica o Conversación sobre el libre albedrío* en 1524, en respuesta a la doctrina de Lutero y concretamente a su obra de 1520 *Assertio*.

Dice aquí Erasmo que ha leído detenidamente la obra de Lutero pero que le ha sugerido muy diversas impresiones y que no le ha convencido. Lutero tenía muchos seguidores y algunos predecesores en el rechazo de la libre voluntad del hombre para obrar el bien o el mal, e intentaba que Erasmo se definiera y se pusiera de su parte; así obtendría el apoyo de uno de los pensadores humanistas de mayor prestigio en aquel momento. Sus relaciones eran buenas, aunque no íntimas. Erasmo, a petición de sus amigos, dice él –es decir, de sus seguidores y defensores de la doctrina del libre albedrío–, se decidió a entablar la polémica que dirigió tanto a todos los que lo rechazaban como a quienes compartían dicha tesis, pero, como se podrá ver (sobre todo en la lectura de la primera parte del libro), en último término se dirige a Lutero.

Especialmente en el planteamiento de la cuestión y argumentación general, admite Erasmo que en la Sagrada Escritura hay textos que parecen suprimir el libre albedrío y que el hombre obra por pura necesidad y otros que defienden la libre voluntad humana, si bien auxiliada por la gracia divina.

En 1524, respondiendo a una *Assertio* publicada por Lutero en 1520 sobre la libertad del cristiano, Erasmo publica su *Diatribé sive Collatio de libero Arbitrio* o *Polémica o conversación acerca del libre albedrío,* contra las tesis luteranas sobre la predeterminación, donde negaba la libre voluntad humana en las acciones, tanto buenas como malas. Las reacciones de ambas facciones ante este escrito no se hacen esperar y Lutero le contesta en 1526 con el tratado *De servo arbitrio* (Sobre el albedrío esclavo), texto que a su vez será replicado por Erasmo en el *Hyperaspistes* (Súperescudero). A lo largo de esta discusión, queda claro para Erasmo que las principales figuras del cristianismo, en lugar de perderse en insolubles disputas teológicas dirigen su atención a la simplicidad y pureza de las enseñanzas de Jesús bajo la autoridad de la Iglesia.

No trato de hacer aquí un estudio exhaustivo del tema de la predestinación y la libertad del hombre en la Reforma protestante, cuya tesis básica es la negación del libre albedrío y su consecuencia necesaria, la justificación por la fe ("fe sin obras"), sino una breve introducción como puerta de entrada a la lectura y comprensión de la obra.

Por otra parte, hay que recordar que se trata de un momento crucial de la Europa del Renacimiento y en el Imperio de Carlos V, que no pudo evitar la ruptura de Martín Lutero con el Papado, lo cual causó la división de Europa y las guerras de religión consiguientes. A la Reforma hemos de añadir el cisma anglicano llevado a cabo por Enrique VIII (1491-1547) en Inglaterra. El Concilio de Trento, promovido por el propio emperador, fue el inicio de la Contrarreforma católica, si bien la división de los cristianos perdura hasta nuestros días.

2. Estructura y forma literaria.

La obra de Erasmo *Sobre el libre albedrío* en la edición que traducimos se divide en cuatro partes numeradas con cifras romanas, que se subdividen a su vez en partes o apartados encabezados por letras del abecedario. El primero y el segundo, en dos partes encabezadas por a y b; el tercero en tres, por a, b y c; mientras que el cuarto carece de divisiones y constituye el colofón del libro. Esta división en partes, que pueden considerarse como capítulos, parece la más conveniente para la temática que se trata, y así se ha considerado a partir de la edición de Juan Froben, publicada en Basilea en 1524. Dentro de las partes o capítulos, los párrafos están numerados del 1 en adelante, según los párrafos de cada parte.

La forma literaria del texto latino manifiesta el dominio del latín y del griego por parte de Erasmo, con visos ciceronianos propios de la época en el primer caso, sobre todo en los momentos de exaltación polémica, en los cuales se convierte en un texto retórico. El latín en aquella época se aprendía y empleaba como lengua de cultura, renovada y revitalizada con la imitación de los autores clásicos, especialmente de Cicerón, el príncipe del clasicismo romano. Puede apreciarse esta forma expresamente pretendida por Erasmo en las abundantísimas preguntas retóricas, formuladas a veces en largas series, muy apropiadas para un tema polémico en el cual el mismo autor no está seguro de la eficacia de su argumentación.

En cuanto al léxico, observamos que emplea con frecuencia términos de la teología tomados de los Padres de la Iglesia y de otros escritores de la antigüedad, tanto griegos como latinos, así como de la teología escolástica, los cuales hay que interpretar y traducir en su contexto, siempre que sea posible, empleando la palabra en castellano que conserve su etimología.

3. Planteamiento de la cuestión.

La primera parte se subdivide en dos. En la **Ia** Erasmo comienza manifestando su decisión de intervenir públicamente en la polémica sobre el libre albedrío y enfrentase con Lutero a petición de sus amigos, como ya hemos dicho. Sin duda estaba presionado por los seguidores de la doctrina de la defensa del libre albedrío y también Lutero le urgía para que se definiera y se pusiese de su parte. Erasmo se muestra perplejo ante el cariz que va tomando la controversia y, sobre todo, porque era un tema espinoso que él define como un laberinto, es decir: que no sabe cómo gestionar la polémica, ya que intuye que salir malparado y enfrentado a los reformadores.

Además, dice que se considera incompetente para enfrentarse a Lutero que, en aquel momento, era el teólogo más importante o al menos el más llamativo de Europa. Tiene muy en cuenta la reacción del público, que en este caso eran tanto sus partidarios como los adversarios. Lo hace de una manera muy expresiva: su controversia es la lucha de una mosca contra un elefante. Es la metáfora que emplea, quizá con falsa humildad, a la defensiva, poniéndola en boca de quienes asisten a esta disputa teológica que él va a abordar por escrito, lo cual no le desagrada, como por otro lado gustaba de meterse en terrenos conflictivos e incluso criticar al Papa.

Erasmo percibe tan extendida y aceptada la doctrina de Lutero, que expresa con un adagio que él había comentado, tomado de autores griegos, la convicción de que navega "contracorriente". Pero, añade después, Lutero no debe sentirse ofendido, primero porque él acomete esta controversia con la intención no tanto de enfrentar a un enemigo como de mantener un diálogo para aprender y para buscar la verdad; en segundo lugar, Lutero no tiene que molestarse porque alguien quiera rebatir sus opiniones ya que él se ha expresado contra los autores antiguos y recientes, contra los concilios e incluso contra los pontífices de Roma. Y si él lo ha hecho públicamente, dice, "no debe haber lugar a fraude si yo le replico" también públicamente. Añade que pretende enfrentarse sólo a la interpretación de Lutero de los textos de la Escritura y a sus argumentos en este tema del libre albedrío, sin injurias y con el fin de aclarar, en lo posible, la verdad.

Insiste a continuación en su disposición natural contraria a la lucha y por eso está dispuesto incluso a retirarse "por su propio pie y acogerse a la doctrina de la Iglesia, la entienda o no la entienda", antes que enfrentarse con acritud en una lucha abierta. Aquí manifiesta claramente su decisión de permanecer en la Iglesia católica, y aprovecha la ocasión para acusar a sus contrincantes de entrar en la confortación con una disposición de ánimo que no les permite reconocer errores ni renunciar a sus posiciones.

Se refiere después a la obra de Lutero *Assertio* que, como hemos dicho, ha leído con buena disposición para con él, como el abogado defensor de un reo difícil de defender.

Responde luego a los que le acusan de que no puede compararse su erudición con la de Lutero porque, dicen ellos, Lutero "tiene en un dedo la que Erasmo en todo su cuerpo". Responde que él se aprovecha y escucha a los demás para aclarar las dudas que pueda tener y así quiere que sea en esta discusión.

Erasmo inicia luego su argumentación y dice que Dios no permite que penetremos en materias recónditas, que mantiene en el misterio para poner de manifiesto su majestad y sabiduría insondables; ahora, según San Pablo, "vemos como en un espejo, después cara a cara".

Luego, a la vez que hace una reflexión sobre la piedad a la que nos deben llevar la lectura e interpretación de las Escritura, aceptando la dificultad de su interpretación y atribuyendo a Dios todo lo que tenemos y hacemos sin penetrar con irreligiosa curiosidad en sus misterios, cita expresamente algunos de dichos arcanos, como la naturaleza de Dios, las personas divinas y la virginidad de la Madre de Dios, que no pueden comprenderse por la razón humana. A continuación refuta por reducción al absurdo la afirmación de Wyklif, aceptada por Lutero, de que Dios obra lo bueno y lo malo en nosotros y premia las acciones buenas y castiga las malas. ¿Cómo puede compaginarse esto con que Dios haya creado el infierno para los malos? Y ¿cómo motivaremos a los criminales a que obren bien y a los pecadores a que luchen contra la carne?

Como conclusión de estas reflexiones y del planteamiento de la defensa de su tesis de la existencia del libre albedrío en el hombre, Erasmo dice que quiere seguir a Pablo: no sabe nada, quiere saber a Cristo y a este crucificado. Sin embargo insiste en que estos arcanos no deberían tratarse ante la gente vulgar e inculta, pues incluso para los eruditos son temas muy difíciles, como dijo al principio, y vuelve a repetir ahora, lo reconoce, excediéndose en su verborrea.

Es tan importante para él esta argumentación que considera innecesaria apoyarla con los textos de la Escritura, que viene a continuación; por eso dice que con esta primera parte ha escrito la mitad del libro.

4. Sentido de la Escritura y defensa del argumento de autoridad.

La **parte I b** está dedicada a defender el argumento de autoridad, que no admite Lutero, para lo cual Erasmo se apoya en las Sagradas Escrituras. Él considera importante el argumento de autoridad en sí mismo y en relación a sus lectores, si bien tiene sus dudas acerca del valor de este argumento, ya que son muy variadas las opiniones de los diversos autores y, a veces, un mismo autor cambia de opinión. Refiriéndose a Lutero, le dice que no habría estado mal que tuviera en cuenta la opinión de los teólogos y Padres de la Iglesia, tanto latinos como griegos: cita a la gran mayoría que han defendido el libre albedrío y algunos que lo rechazan, a los que aquí mismo refuta, y propone al lector que valore por sí mismo el peso del argumento de autoridad, es decir, la tradición de la Iglesia.

A continuación, hace un elogio de los Padres griegos y latinos, a algunos de los cuales ha citado antes, con la reflexión de que todos admiten y se apoyan en la Escritura. La cuestión, por consiguiente, está en el sentido que se da a los textos de la misma. Aquí, dirigiéndose a sus lectores y seguidores, introduce una reflexión muy personal en cuanto a la defensa de su tesis; no pretende, dice, que su opinión se valore por el número de adhesiones, ya que sabe que "no siempre es la mejor opinión la aprobada por la mayoría".

Sigue después con el tema del sentido de las Sagradas Escrituras y rebate a los que afirman que si son claras no hace falta interpretación del sentido. Y prosigue defendiendo el argumento de autoridad, ya que en un tema tan difícil y donde ha habido tanta oscuridad es necesaria la ayuda del Espíritu divino, del mismo modo que los Apóstoles necesitaron la profecía. Dios lo concederá a los que han recibido las órdenes y a los bautizados antes que a los no bautizados. Recordemos que él fue fraile agustino y ordenado sacerdote.

Sin embargo, vuelve a expresar sus dudas y una profunda inquietud ante el problema de la interpretación del sentido de los textos sagrados y no sin razón, pues aquí está la clave de la cuestión. Su pregunta es: ¿quién recibe el Espíritu que se requiere para la interpretación?

A continuación rebate la tesis protestante, aunque suaviza la polémica dirigiendo sus dardos, no directamente contra Lutero, sino contra "esos" que dicen que están inspirados por el Espíritu y eso les basta. Pero, replica, los Apóstoles se apoyaban en los milagros; ojalá estos se apoyaran en sus buenas obras. Pero no. Ellos dicen: "nosotros somos justos por la fe, no por las obras". Que se atribuyan lo que quieran. Erasmo no está convencido de que pueda convencerles. Pero él ya ha adoptado una posición: permanecer en la Iglesia. Yo, dice, no me atribuyo nada, ni una vida santa, y estoy dispuesto a aprender. Pero, al menos, que me concedan el lugar que Cristo dio a Nicodemo o los Apóstoles a Gamaliel.

La conclusión de esta primera parte avanza el planteamiento de la segunda. Erasmo se reafirma en su argumentación contra sus adversarios y acepta la discusión de los textos de las Sagradas Escritura; y este es el momento de plantear la definición del libre albedrío: "Entendemos por libre albedrío la fuerza de la voluntad humana por la que el hombre puede dedicarse a las cosas que conducen a la salvación eterna, o bien apartarse de ellas".

5. Defensa del libre albedrío con textos de la Sagrada Escritura.

a) Argumentación con textos del Antiguo Testamento.

Erasmo dedica esta parte **II 2 a** a defender el libre albedrío con textos del Antiguo Testamento. Pone como referencia fundamental aquella que se ha usado siempre, dice, porque en ella aparece clara y expresamente la palabra "albedrío". Es del *Eclesiástico* o *Sabiduría de Sirach*: "Dios hizo al hombre desde el principio y le dejó en manos de su albedrío" (15, 14-18). Los siguientes versículos se refieren a los preceptos que Dios dio al hombre y que está en su mano cumplirlos o no: "Si tú quieres puedes guardar sus mandamientos". Por consiguiente, el pasaje tiene dos partes que va a utilizar en su argumento: la afirmación del libre albedrío y los preceptos que Dios le da y el hombre puede cumplir o no, ya que posee voluntad para querer una cosa u otra. Tras defender la canonicidad de este libro, que no estaba en el canon hebreo pero que fue aceptado por la Iglesia, expone largamente la afirmación del albedrío y después la corrobora comentando la parte del texto que se refiere a los preceptos con ayuda de otros textos bíblicos, además de refutar con argumentos teológicos y de las Escrituras a los adversarios. Concluye que el hombre obra lo bueno y lo malo por su propia voluntad libre, aunque con el auxilio de la gracia divina, a la cual examina apoyándose en los autores y teólogos que le han precedido.

Hasta el párrafo 14 argumenta con el texto del Eclesiástico y refuta a los que lo niegan absolutamente, como Pelagio y otros. Después cita otros pasajes del Génesis y del Deuteronomio para que quede más claro. Su larga argumentación acerca de estos textos concluye que todo lo que se pide al hombre que haga voluntariamente para nada valdría si todo ocurre por pura necesidad.

Finalmente, hace una observación para la inteligencia de los textos bíblicos, explicando que cuando parece que Dios no es inmutable y cambia de opinión, se debe a que las Sagradas Escrituras hablan con lenguaje humano. Esta explicación y el uso de metáforas, parábolas y alegorías lo considera fundamental para comprender el sentido de los textos bíblicos. Es decir, hay que tener en cuenta el género literario de cada libro de la Escritura, que se ha desarrollado después en los estudios bíblicos. Se trata de una aportación personal de Erasmo a este tema.

b) Argumentación con textos del Nuevo Testamento.

La parte **II b** argumenta la existencia del libre albedrío en el hombre con textos del Nuevo Testamento. Comienza con el texto de Mateo 23, 37 que se refiere a la caída de Jerusalén y sigue con otros textos de los Evangelios, de los demás Apóstoles y de Pablo. El argumento es el mismo que en los textos del Antiguo Testamento: ¿qué valor tendría hacer buenas obras, el premio o el castigo, si el hombre carece de libre voluntad, aun cuando sea ayudada por la gracia divina?

Termina esta segunda parte con un texto de la *Assertio* de Wyklif, aceptado y corroborado por Lutero, donde se elimina por completo y de manera expresa el libre albedrío, enlazando así con la tercera parte.

Erasmo concluye con la reflexión de que tantos eruditos y santos varones no habrían caído en la condenación eterna por fiarse de sus propias acciones.

c) *Refutación de los que pretenden eliminar el libre albedrío.*

Comienza la **III a** con dos textos que parecen negar la voluntad del hombre: "Endureció el Señor el corazón del Faraón y no los escuchó" (Ex, 32), y: "¿Acaso Esaú no era hermano de Jacob? Yo amé a Jacob y odié a Esaú" (Mal, 1). Soluciona el absurdo que supone atribuir a Dios el endurecer el corazón del hombre explicando que se trata de figuras o modos de decir con lenguaje humano. Este será uno de los argumentos a los que acude con más frecuencia. En este caso, todo se debe a la obstinación del Faraón. Corrobora la argumentación con textos de otros profetas comentados por Orígenes. Y concluye: "Dios se vale de la malicia del Faraón para su gloria y para salvar a su pueblo". Y así Dios no quita la voluntad del hombre aunque tiene todo en sus manos. Lo intentaran en vano los que se oponen a la voluntad de Dios". Así sale del laberinto que anunció al principio.

Luego explica la presciencia divina apoyándose en Lorenzo Valla, quien escribió entre 1439 y 1442 su *Dialogus de libero arbitrio*. La presciencia no quita la voluntad del hombre porque las cosas, como el eclipse, suceden no porque se conozcan antes o se pronostiquen, sino que se predicen porque van a suceder.

Más difícil todavía le parece a Erasmo explicar la voluntad y las decisiones y designios de Dios. Son inescrutables. Pero aun así trata de dar una explicación y al final se pregunta: ¿pero cómo puede haber voluntad humana si todo está en manos de Dios?

Aborda después una reflexión filosófica acerca de las causas y de la necesidad para explicar la voluntad humana y los designios de Dios. Dios es la primera causa y el hombre la segunda, pero Dios puede cambiar totalmente los efectos de las segundas.

Luego trata de explicar la necesidad (lo inexplicable) diciendo que no toda necesidad excluye la libre voluntad humana. Se encuentra en el laberinto.

Dice que no pretende continuar con este género de argucias. Parece que quiere zanjar la cuestión. El mal se debe a que el hombre se ha empecinado en su malicia, aunque se diga que Dios ha querido que el hombre se pierda porque habiendo podido salvarle no lo ha hecho. Pero en último término es por su malicia. Explica los afectos de Dios, el odio y el amor a Esaú y Jacob: es lenguaje metafórico acomodado a los hombres. Dios no tiene afectos. También las palabras de Pablo tienen sentido metafórico, para lo cual acude de nuevo a la metáfora que ha usado con más frecuencia, la del alfarero y también la de la sierra del carpintero, con abundancia de textos bíblicos. Al final, se queja de que sus adversarios defienden sin vergüenza sus propias posiciones y no aceptan las suyas.

d) *Refutación de los argumentos de Lutero*.

En la parte **III b y c** Erasmo sigue con la refutación de los argumentos que eliminan la libre voluntad humana, pero ahora refiriéndose a los pasajes que emplea Lutero con este fin. Comienza con el texto del Génesis 6, 8: "No permanecerá mi Espíritu en el hombre por toda la eternidad puesto que es carne", así como otros textos del Génesis y otros, tanto del Antiguo

Testamento como del Nuevo. La solución es la misma que dio en la anterior argumentación: si el hombre no tuviera libertad, ¿para qué se le da un tiempo de penitencia? Aquí vuelve a reivindicar la autoridad de los Padres, puesto que, confiesa, a él le resulta difícil la interpretación. Por lo mismo acomete una interpretación de los textos distinta a la de Lutero. Advierte que no vale la acumulación de textos, puesto que todo depende del sentido que se le den. Replica a Lutero que considera definitivo el texto de Juan, 1, 5: "Sin mí nada podéis hacer" y otros semejantes, que son metáforas para decir que necesitamos el auxilio de la gracia.

La argumentación fundamental es que las parábolas y las hipérboles tan abundantes en los textos que comenta valen para quitar al hombre por una parte el miedo y por otra la arrogancia. Explica el ejercicio de la voluntad con la parábola del hijo pródigo y el óbolo de la viuda. De las parábolas se deduce que, para Erasmo, Dios es el autor principal y el hombre secundario, frente a Lutero que se lo atribuye todo a Dios con el ejemplo del arquitecto y su ayudante.

6. Intento de conciliación y defensa de su tesis.

Comienza esta última parte **IV** o colofón decidido a buscar un acuerdo con Lutero y sus seguidores, puesto que el Espíritu Santo, dice, no puede estar en contradicción consigo mismo. Tiene que haber y debe buscar una opinión moderada, un término medio, ya que el tema es difícil. Ya no aduce textos bíblicos, ha citado suficientes y se atreve a decir que podría atribuirse la victoria en esta pugna si se designara el vencedor por el número de textos aducidos a favor del libre albedrío.

A continuación se explaya en un largo texto retórico con abundancia de preguntas que culminan en la definitiva para él : ¿cómo es posible que se considere pecador a un mártir que sufre el martirio buscando la gloria? Pero no tiene solución para los designios de Dios que son insondables, y obra con los buenos y con los malos según su voluntad, que no sabemos explicar. Todo ello lo adereza en estilo retórico con ejemplos y parábolas o alegorías, que son tan de su gusto, y a la vez muestra lo difícil del tema, pues, como ha dicho insistentemente, todo depende del sentido que demos a los textos.

Critica después a los que exageran la fe y la caridad refiriéndose a Lutero: "Hay quienes piensan que la fe es el principio de la salvación más bien que la culminación". Si exageramos la fe y eliminamos el libre albedrío es difícil explicar la justicia y la misericordia de Dios. Y cita de nuevo a algunos que lo eliminaron en parte, como Agustín, o absolutamente, refiriéndose a Lutero y sus seguidores. Acude entonces a la metáfora de Licurgo, que mandó arrancar las viñas para eliminar la borrachera. Habría bastado con proporcionar acceso a las fuentes para que la gente bebiera agua. Trata después de conciliar la opinión de Lutero con la suya, de tal manera que se evitaran los reparos que muestra para aceptar su propuesta. En su afán conciliador, le concede todo lo que puede "a los que no soportan que haga algo el hombre". No se puede negar que el hombre tenga su parte en lo bueno y en lo malo porque Dios ha creado el libre albedrío y lo ha liberado y sanado. Pero el hombre también tiene su parte. Insiste en lo mismo ahora con dos parábolas propias: la del ojo ciego y la del niño y la manzana, que leemos con agrado a pesar de su reiteración.

A continuación arremete contra los que eliminan por completo el libre albedrío, ya que atribuyen a Dios la injusticia y la crueldad. Su defensa se funda en el orden del universo: Dios ha hecho un mundo ordenado, desde la araña al elefante. Pero es difícil explicar la tendencia al mal. Por eso insiste en no querer entrar en lo insondable de los planes de Dios.

Aborda también los temas disciplinarios de las diversas sectas de sus adversarios y critica la laxitud moral a que se ha llegado, especialmente entre los clérigos. Describe la situación social como una tormenta de "rayos y truenos que asola todo el orbe". La división de los cristianos, que afecta a toda la sociedad europea, explica que hable de "todo el orbe".

Finaliza: viene a decir, tengo buena voluntad y quiero la verdad. Lo que digo no invalida lo que dice Lutero sobre el amor a Dios y la confianza en sus promesas. "Ahí queda eso. Ahora que juzguen otros".

7. Disposición de ánimo de Erasmo en la polémica.

Puesto que Erasmo deja al juicio de los lectores valorar su argumentación, y por lo tanto su obra, podemos considerarnos uno de esos lectores con juicio crítico. Además, podemos hacerlo con una visión separada por cinco siglos del momento histórico en que tuvo lugar esta polémica.

Como traductor y, por tanto, lector exigente del texto, puedo adelantar algunas observaciones que sean de utilidad para mis lectores, que lo son de Erasmo, para que cada cual pueda hacer su lectura y formarse su propio juicio acerca de esta obra.

En primer lugar, he de decir que es una obra fundamental del siglo XVI que aborda un tema crucial del cristianismo, que dio lugar al enfrentamiento y ruptura de los protestantes con los católicos, que culminaron en las llamadas *guerras de religión*. Estos hechos tuvieron graves repercusiones en la sociedad civil y en la política del Imperio español y en lo sucesivo.

En segundo lugar, sin entrar en la biografía de Erasmo, hay que advertir que no es propiamente un teólogo, sino un filósofo, como otros de su época, que profesa en este y en otros escritos la *Philosophia Christi*, en desacuerdo con la escolástica, que se había anquilosado en sus formas y en la doctrina. Pero hubo de enfrentase a un teólogo, Lutero, que basaba sus enseñanzas no en la tradición sino en la Biblia, y la tradujo al alemán y la difundió, cuando hasta entonces había sido patrimonio de monjes y clérigos, formados en monasterios y estudios. Erasmo fue un escritor prolífico con una obra inmensa, que trata de lo humano y lo divino que obtuvo una gran fama en toda Europa, enfrentándose a Lutero y a otros teólogos heterodoxos, especialmente a Wyklif, al que cita varias veces.

En cuanto a las motivaciones de la polémica y cuáles pudieron ser las causas que movieron a Erasmo a enzarzarse en ella y responder a Lutero, pienso que fue precisamente el interés y las presiones del adversario, personalmente de Lutero, para que aceptara la Reforma que este había iniciado y refrendara sus tesis, es decir, que se pusiera de su parte, ya que su prestigio le brindaría el mejor apoyo para sus planes.

La actitud de Erasmo en la discusión es conciliadora y así lo repite varias veces. Dice que participa en ella públicamente con el libro que está escribiendo porque se lo piden "sus amigos". Pero bien puede ser que se decidiera a escribir la obra cuando ya se había decidido a permanecer en la Iglesia y al lado del papado, a pesar de criticar a Julio II por su belicismo.

Su deseo de conciliación y la humildad que manifiesta, aunque sean sinceras, forman parte del estilo retórico de la obra. Así parecen indicarlo las hipérboles que emplea para presentarse en la pugna como una mosca ante un elefante y diciendo que él tiene la sabiduría en un dedo, mientras Lutero la tiene en todo el cuerpo. Aunque lo atribuya a habladurías de la gente, le valen muy bien para su presentación como hombre humilde y que "quiere aprender", y también quizá para curarse en salud, ya que de antemano veía muy difícil convencer a sus adversarios, así como concederles lo fundamental de sus tesis: la eliminación del la voluntad humana.

El balance final lo hallamos en la última parte de la obra, donde Erasmo insiste, como hemos visto, en que ellos no dan su brazo a torcer, y en cambio a él no le conceden "ni un poquito": que el hombre puede hacer algo por su voluntad libre, aunque sea poco y ayudado por la gracia divina. Sin duda, aunque ha aportado gran cantidad de textos que pudieran interpretarse como defensores del libre albedrío, y dice que por el número de textos bíblicos podría salir victorioso, tiene poca confianza en que así sea. Y se remite a los lectores. Lo cierto es que, finalmente, la Reforma se llevó cabo por obra de Lutero.

NOTA SOBRE LA VERSIÓN

Nuestra versión pretende ser lo más ajustada a la edición original en latín, una de tantas como se han hecho de la primera edición de Froben en Basilea en 1524, con los defectos o erratas que hay que entender y corregir en el contexto. Por consiguiente señalaremos algunos de sus caracteres:

1. Aspiramos a la literalidad del texto castellano traducido del latín, eligiendo, si es posible, la palabra que conserve la etimología de la latina, especialmente si son términos fundamentales para el tema. Así, por ejemplo, *animus* lo traducimos por *ánimo*, que el mismo Erasmo en algún momento explica que puede entenderse por mente, inteligencia y en general la facultades superiores, que en griego podría ser *nous*.

2. Procuramos conservar el sabor característico del Renacimiento y del lenguaje de Erasmo, manteniendo incluso algunos términos de la filosofía y la teología en latín, aun cuando dificulten la lectura. Lo aplicamos

especialmente al estilo retórico, que es el de este texto, quizá pretendido hasta la exageración por el autor para dejar veladas por la retórica algunas afirmaciones de verdades de las cuales no está muy seguro, o al menos de la eficacia de sus argumentos.

3. En relación a la puntuación y la separación de las oraciones, he de aclarar que los párrafos latinos, especialmente en el estilo oratorio ciceroniano y en la retórica en general, suelen ser muy largos. La puntuación la adaptamos al castellano actual. Conservamos los párrafos largos, con la separación y puntuación que sean necesarias para su comprensión.

4. En cuanto a los textos bíblicos, Erasmo emplea los textos latinos de una o varias ediciones de la Biblia que no coinciden con la Vulgata, comentando la literalidad del texto bíblico citado. A veces cita el libro al que corresponde el texto y el capítulo en el que se encuentra; otras acumula textos sin citar el libro del que los toma; y así lo hacemos en nuestra versión. Para proceder de otro modo sería necesario un estudio crítico detallado, que aquí no pretendemos.

Por otra parte hemos dado nuestra propia versión del texto que cita Erasmo, ayudándonos cuando lo hemos considerado conveniente de la Vulgata y de la versión al castellano, que usamos habitualmente, de Nácar-Colunga. Como Erasmo, en los textos del Antiguo Testamento, en lugar del nombre de Dios, Yahvé, traducimos por "el Señor".

Salamanca, 11 de julio de 2025

DE LIBERO ARBITRIO ΔΙΑΤΡΙ
ΒΗ, siue Collatio, Desidery ERASMI Roterod.

Primum legito, deinde iudicato.

Basileae apud Ioannem Frobenium, Anno
M. D. XXIIII. Mense Septembri.

I a 1. Entre las no pocas dificultades que se encuentran en las divinas letras, apenas ningún laberinto más inexplicable que el libre albedrío. Pues en tiempos pasados este tema inquietó de modo admirable a los ingenios de los filósofos, después también a los de los teólogos, tanto de los antiguos como de los modernos, según mi opinión, con más esfuerzo que fruto. Pero hace poco ha sido renovado por Carlostadt y Eck, si bien en una controversia más moderada. Aunque luego ha sido suscitado con más vehemencia por Martín Lutero, del que es notable su *Assertio* sobre el libre albedrío, al que, si bien le ha respondido más de uno, sin embargo, cuando así le ha parecido a mis amigos, yo mismo me he dado cuenta de que la verdad podrá esclarecerse también por medio de nuestra pequeña controversia.

I a 2. Yo sé que algunos, con los oídos totalmente cerrados, van a clamar: *ano potamon (*¡va contra corriente!) ¿Erasmo se atreve a enfrentarse con Lutero, es decir una mosca con un elefante? Y para aplacarlos, si se puede pedir un poquito de silencio, no otra cosa diré para empezar que la realidad es que nunca he jurado por las palabras de Lutero. Por lo cual a nadie le debiera parecer indigno si he disentido abiertamente de él, ciertamente nada más que como de hombre a hombre. Está tan lejos que no me sea lícito poner en duda alguno de sus dogmas, mucho menos, si uno se enfrentara a él en una moderada disputa con el deseo de aclarar la verdad. Ciertamente no pienso que el mismo Lutero lo lleve a mal si en algún aspecto disienta, cuando él se permite disentir no sólo de los decretos de todos los doctores de la iglesia sino también de todas las escuelas, los concilios y los pontífices; y como él lo confiesa pública y sinceramente, no debe haber lugar a perjuicio por mi parte ante sus amigos, si yo le replico.

1 a 3. Por lo cual, para que esta discusión no la interprete alguno como suele ser, una lucha de gladiadores, me enfrentaré a su único dogma, si no para otra cosa, si es posible, para que en esta confrontación de escrituras y de argumentos se haga más evidente la verdad, cuya indagación siempre fue una dedicación honestísima para los estudiosos. Se tratará el tema sin injurias, bien sea porque es lo que más conviene a los cristianos, bien porque así se encuentra más claramente la verdad, que tantas veces se pierde en los altercados.

I a 4. Ciertamente yo no ignoraba que no estaba preparado para esta contienda; en verdad apenas otro cualquiera menos ejercitado que yo, de modo que siempre hubiera aborrecido las luchas por un cierto sentido arcano de la naturaleza; por eso siempre he preferido jugar en los campos más libres de las musas que pelear cuerpo a cuerpo con la espada. Y de tal manera no me agradan los enfrentamientos, que fácilmente me haya de retirar por mis propios pies a la opinión de los Escépticos, dondequiera que se me permita, por la inviolable autoridad de las Sagradas Escrituras y los decretos de la Iglesia, a los que de buena gana someto mi parecer, bien sea que comprenda lo que prescriben o bien sea que no. Y prefiero para mí esta disposición de ánimo a la que veo que tienen algunos adictos a que una opinión que no pueden soportar discrepe de la suya, de manera que todo lo que leen en las Escrituras lo retuercen para ratificar su opinión, a la que de una vez por todas se han sometido como los jóvenes, que cuando aman a una chica con excesiva pasión, a cualquier lado que se dirigen se imaginan que la están viendo porque la aman; más aún, para poner una comparación mejor, como sucede entre los que la lucha se ha recrudecido, cualquier cosa que por causalidad tienen a mano, bien sea un cántaro bien un plato, se vuelve dardo. Entre los que tienen este estado de ánimo, ¿qué juicio, por favor, puede ser sincero? ¿Qué resultado puede salir de estas disputas, sino es que uno se separe del otro cubierto de escupitajos? Pero siempre habrá muchísimos como los que describe el apóstol Pedro, que "indoctos e inestables interpretan mal las Escrituras para su propia perdición".

I a 5. Así pues, en cuanto se refiere a mi parecer, afirmo que los antiguos nos han transmitido muchas y variadas opiniones sobre el libre albedrío de las que todavía no tengo absoluta certeza; aun así, pienso que existe una cierta fuerza del libre albedrío. He leído, ciertamente, la *Assertio* de Martín Lutero y la he leído imparcialmente, a no ser en cuanto que entonces asumí un cierto favor para con él, no de otra manera que como el abogado defensor suele favorecer al reo incómodo. Y aunque él trata y resuelve el tema con todos los medios de defensa y con un gran espíritu, sin embargo, para hablar sinceramente, a mí todavía no me ha convencido.

I a 6. Y si alguno quisiera atribuir esto a mi lentitud de ingenio o a mi impericia, me enfrentaré a él con tal de que permita a los más lentos, aunque sólo sea para aprender, competir con aquellos que han recibido el don de Dios con más profusión; sobre todo porque Lutero da muy poca importancia a la erudición y muchísima al espíritu, que a veces infunde ciertas cosas a los más humildes y las niega a los *sofoios* (sabios). Esto lo digo para aquellos que claman con vehemencia que Lutero tiene más erudición en un dedo meñique que Erasmo en todo su cuerpo, cosa que ahora no voy a refutar. A esos, sin embargo, sean tan injustos cuanto quieran, les pediré que si en esta disputa se concede por mi parte a Lutero que de ningún modo se le grave con el juicio previo de los doctores, de los concilios, de las escuelas, de los pontífices y del César, mi causa no se vea perjudicada por la temeridad de algunos de ellos al juzgarla. Y, aunque me ha parecido que he comprendido lo que allí trata Lutero, puede suceder, sin embargo, que me engañe mi propia opinión y por eso actúe como controversista, no como juez, como investigador, no como dogmatico, dispuesto a aprender de cualquiera, si algo se presenta más recta y claramente; aunque me gustaría aconsejar a los ingenios mediocres en este género de cuestiones no contender con pertinacia tal que más bien hieran que ayuden a la concordia cristiana.

I a 7. Hay, en efecto, en las divinas letras algunas cosas recónditas en las que Dios no ha querido que penetremos en lo más profundo, y, si intentáramos hacerlo, allí adonde hubiéramos entrado más profundamente estaremos cada vez más envueltos en la oscuridad, con lo cual así conoceremos tanto la majestad de la divina sabiduría insondable como la debilidad de la mente humana. Es como lo que narra Pomponio Mela de cierta cueva cerca de la ciudad de Corycos que seduce y atrae hacia sí con un entorno frondoso y ameno, hasta que el horror y la majestad de las divinidades que allí habitan echa para atrás a los que han entrado más y más adentro. Por consiguiente, cuando se ha llegado a este punto mi opinión sería clamar con Pablo más sensata y religiosamente: "¡Oh profundidad de las riquezas de la sabiduría y ciencia de Dios, cuán incomprensibles son sus juicios y enigmáticos sus caminos!"; y con Isaías: "¿Quién ha oído al espíritu del Señor o quién ha sido su consejero?", mejor que definir lo que excede la medida de la mente humana. Muchas cosas se reservan para el tiempo cuando ya no veremos por un espejo y en enigma, sino que contemplaremos a cara descubierta la gloria del Señor.

I a 8. Por consiguiente, según mi opinión, en cuanto a lo que se refiere al libre albedrío, lo que aprendemos en las sagradas letras es que si estamos en el camino de la piedad avancemos gozosamente hacia lo mejor olvidándonos de todo lo demás; si estamos envueltos en pecados, esforcémonos con todas nuestras fuerzas para acudir al remedio de la penitencia y acojámonos a la misericordia del Señor por todos los medios, sin la cual la voluntad humana ni es eficaz ni constante; y si hay algo malo, imputémoslo a nosotros, si algo bueno atribuyámoslo a la divina benignidad a la que debemos también todo lo que somos. Por lo demás, cuanto nos sucede en esta vida, ya sea alegre o triste, creamos que Él nos lo envía para nuestra salvación y que Dios, justo por naturaleza, a nadie le hace injusticia, aun cuando nos parezca que nos suceden cosas inmerecidas. Nadie debe desesperar del perdón de Dios, clementísimo por naturaleza. Digo que, según mi parecer, sería suficiente para la cristiana piedad observar esto: no habría que escrutar con irreligiosa curiosidad aquellas cuestiones recónditas, no digo ya superfluas, como es si Dios sabe de antemano algo contingente, si nuestra voluntad hace algo en las cosas que pertenecen a nuestra salvación o bien sólo es sujeto pasivo de la gracia que obra en ella, o si lo que hacemos de bueno o de malo acontece por pura nece sidad o más bien somos sujeto paciente.

I a 9. Hay cosas que Dios ha querido que fueran absolutamente ignoradas por nosotros, como el día de nuestra muerte y el del juicio final: "No os toca a vosotros conocer los tiempos y los momentos que el Padre ha puesto bajo su potestad" (Hch 1, 7). "Pues nadie sabe nada acerca de aquel día o aquella hora, ni los ángeles en el cielo, ni el Hijo, sino sólo el Padre" (Mc, 13, 32). Quiso que nosotros escrutáramos ciertas cosas como si las venerásemos en místico silencio. Por lo mismo hay cosas en los divinos libros en las que, aunque muchos indagaron, nadie disipó plenamente su ambigüedad, como sucede acerca de la distinción de las personas divinas, la unión de la naturaleza divina y humana en Cristo, y acerca del pecado que nunca se perdonará. Otras cosas quiso que fuesen bien conocidas por nosotros, y de este género son los preceptos para el bien vivir. Sin duda esta es la palabra de Dios que no hay que pedírsela al sublime y elevado cielo, ni importarla navegando por el ancho mar, sino que se halla cerca, en nuestra boca y en nuestro corazón. Estas cosas deben aprenderlas todos, las demás es más correcto remitirlas a Dios y se adoran más religiosamente si permanecen incógnitas que si se ponen en discusión siendo insondables. ¿Cuántas investigaciones o discusiones de cuestiones, sobre todo nuevas, generó la distinción de personas, la razón de principio, la diferencia entre nacimiento y procesión? ¿Qué confusión suscitó en todo el orbe la pugna, como de gladiadores, acerca de la concepción de la Virgen *zeotocos* (Madre de Dios)? Pregunto, ¿qué se ha avanzado en estas difíciles cuestiones, sino es que con gran dispendio de concordia nos amamos menos cuando queremos saber demasiado? Y hay ciertas cosas de este género que, aun cuando fueran verdaderas y pudieran saberse, no sería conveniente prostituirlas en los oídos de toda clase de gente. Quizá sea verdadero lo que suelen decir los sofistas, que Dios según su naturaleza no está menos en una hura de escarabajo que en el cielo, por no decirlo con palabras más obscenas, lo que, no obstante, a esos no les da vergüenza decir; y a pesar de todo esto, se disputa inútilmente entre la gente. Y que hay tres dioses, como podría decirse siguiendo las reglas de la dialéctica, ciertamente se diría con gran ofensa entre la gente poco cultivada. Si me constara, lo cual no es así, que la confesión que ahora hacemos ni ha sido instituida por Cristo ni ha podido ser instituida por los hombres, y que por eso no se puede exigir a cualquiera, asimismo que no se requiere satisfacción por los pecados cometidos, temería, sin embargo, publicar esa opinión, porque veo que la mayor parte de los mortales son fácilmente propensos a acciones vergonzosas, de las cuales ahora la necesidad de confesarse, de cualquier manera que sea, los cohíbe o ciertamente los modera. Hay algunas enfermedades del cuerpo que se toleran con menos desagrado que se curan: por ejemplo, si uno para librarse de la lepra tuviera que lavarse en la sangre caliente de niños descuartizados. Así son ciertos errores que por ser menos perniciosos disimulamos mejor que soportamos. Pablo conoció la diferencia entre lo que es lícito y lo que es conveniente: es lícito decir la verdad, pero no es conveniente decirla ante algunos, ni en cualquier tiempo ni de cualquier modo. Si me constara que en el sínodo hubiese sido establecido o definido algo por error, ciertamente sería lícito decir la verdad pero no conveniente para no dar ocasión a los malos de despreciar la autoridad de los Padres incluso en las cosas que hubiesen establecido piadosa y santamente, y preferiría decir que así les ha parecido con probabilidad por razón de los tiempos, lo cual, sin embargo, la utilidad del momento presente aconseje que sea derogado.

I a 10. Por lo tanto, imaginemos que sea verdadero en algún sentido lo que enseñó Wyklif y Lutero reivindicó, que lo que hacemos no lo hacemos por libre albedrío sino por mera necesidad: ¿qué más inútil que divulgar esta paradoja por el mundo? De nuevo imaginemos que es verdadero en cierto sentido lo que en algún lugar escribe Agustín, que Dios obra en nosotros lo bueno y lo malo y nos recompensa sus buenas obras y nos castiga sus malas obras. ¿Qué gran ventana abrirá a la impiedad de innumerables mortales esta voz si se extiende por el vulgo, sobre todo en medio de tanta pereza, desidia, malicia e irreprimible propensión a todo género de impiedad de los mortales? ¿Qué hombre débil podrá sostener una lucha perpetua y laboriosa contra su carne? ¿Qué malo deseará corregir su vida? ¿Quién podría inducir su ánimo a que ame de todo corazón a aquel Dios que hiciera el tártaro hirviendo con eternos tormentos para allí castigar sus propios malos actos, como si se deleitara en miserables suplicios de los hombres? En efecto, así lo interpretará la mayoría. Pues los ingenios de los mortales son en general crasos y carnales, inclinados a la incredulidad, proclives a la maldad, propensos a la blasfemia, de modo que no sea necesario "añadir aceite a la chimenea".

I a 11. Así pues Pablo, como prudente dispensador de la palabra divina, añadiendo con frecuencia la caridad en sus consejos, prefiere seguir aquello que conviene al prójimo antes que lo que es lícito por sí mismo y, comoquiera que tiene la sabiduría que habla entre los perfectos entre los débiles, piensa que no sabe nada si no es a Cristo y a este crucificado. La Sagrada Escritura tiene su propio lenguaje adaptado a nuestra comprensión. Pues allí Dios se encoleriza, se duele, se indigna, se enfurece, amenaza, odia, de nuevo tiene misericordia, se arrepiente, cambia de opinión, no porque este tipo de cambios caigan dentro de la naturaleza de Dios, sino porque así convenía que hablara a nuestra debilidad y dureza de entendederas. Opino que la misma prudencia es conveniente para aquellos que han recibido la misión de trasmitir la palabra divina. Por esto mismo, hay algunos daños porque ciertas cosas no son aptas, lo mismo que el vino no es bueno para los que tienen fiebre. Por eso quizá tales materias sería conveniente exponerlas en coloquios de eruditos o también en las escuelas teológicas, aunque ni siquiera aquí pensaría que sea conveniente tratarlas si no se hace con moderación; por lo demás, presentar fábulas de este género en el teatro de la promiscua multitud me parece no sólo inútil sino también pernicioso. Por consiguiente, preferiría que se aconsejara en esta clase de laberintos que no hay que perder el tiempo ni el ingenio, antes que rechazar o afirmar los dogmas de Lutero. Con razón pareciera que yo afirmo de antemano estas cosas con verborrea, si no pertenecieran al asunto casi más que la misma discusión.

I b 1. Ya que Lutero no admite la autoridad de ningún escritor, por muy reconocido que sea, sino que sólo escucha las Escrituras canónicas, ciertamente acepto de muy buena gana este recorte de mi trabajo. Pues como tanto entre los griegos como entre los latinos son innumerables los que *ex profeso* u ocasionalmente tratan del libre albedrío, no sería un asunto de menor importancia recoger de todos ellos lo que cada uno haya dicho a su favor o en su contra y que se tomara un trabajo, prolijo o aun molesto, en explicar el sentido de cada uno de sus dichos y en rechazar o confirmar sus argumentos en referencia a Lutero y también a sus amigos, incluso aunque fuera inútil, sobre todo porque hay distintas opiniones entre ellos, pero también porque muchas veces no tienen un criterio constante.

I b 2. Y, sin embargo, quisiera que el lector, entretanto, si le parece que estamos a la par con Lutero en los testimonios y sólidas razones de la divina Escritura, estuviera advertido de modo que él finalmente ponga delante de sus ojos tan numerosa serie de hombres eruditísimos a los que ha aprobado el consenso de todos los siglos hasta el día de hoy, la mayor parte de los cuales recomienda, además de la pericia en las sagradas letras, también la piedad de la vida; algunos que defendieron la doctrina de Cristo con sus escrititos también dieron testimonio de ella con su sangre. Entre los griegos están Orígenes, Basilio, Crisóstomo, Cirilo, Juan Damasceno, Teofilacto; entre los latinos, Tertuliano, Cipriano, Amobio, Hilario, Ambrosio, Jerónimo, Agustín, por no citar también a los Tomás, Escotos, Durandos, Capreolos, Gabrieles, Egidios, Gregorios, Alexandros, cuya fuerza y destreza en la argumentación pienso que no debe ser en absoluto menospreciada por nadie, para no olvidar tampoco la autoridad de tantas escuelas, concilios y sumos pontífices. Desde el tiempo de los apóstoles hasta el día de hoy no ha existido todavía ningún escritor que haya suprimido del todo la fuerza del libre albedrío, excepto Mani y Juan Wyclif. Porque la autoridad de Lorenzo Valla, que parece tener poco más o menos la misma opinión que estos, tiene poco peso entre los teólogos. Pero la doctrina de Mani, como ya haya sido condenado hace tiempo y rechazado con el consenso de todo el orbe, no sé si es menos inútil para la piedad que la de Wyclif, pues aquel atribuye las obras buenas y malas a las dos naturalezas que hay en el hombre, de tal manera, sin embargo, que las buenas obras las debamos a Dios, por nuestra condición, y a la vez deja los motivos para pedir la ayuda del Creador contra el poder de las tinieblas y, una vez conseguida la ayuda, pecamos más levemente y hacemos el bien con más facilidad. Wyclif, en cambio, todo lo refiere a la necesidad: ¿qué deja para nuestras plegarias o para nuestro intento? Por tanto, para volver a aquello que había propuesto: si el lector viera que mi método de discusión pugna con los adversarios en igualdad de condiciones, entonces piense cuidadosamente por sí mismo si puede darse más importancia a los juicios anteriores de tantos eruditos, tantos ortodoxos, tantos santos, tantos mártires, tantos antiguos y recientes teólogos, tantas escuelas, tantos concilios, tantos obispos y sumos pontífices, antes que al juicio privado de uno u otro cualquiera.

I b 3. No valoraré mi opinión por el número de votos o por la dignidad de los oradores, como sucede en los consensos humanos. Sé que se ha introducido la costumbre de que, con frecuencia, la mayor parte venza a la mejor, y sé que no siempre es la mejor la que es aprobada por la mayoría. Sé que nunca ha de faltar en la indagación de la verdad la destreza que aportan los antepasados. Reconozco que es equitativo que sólo la divina autoridad de la Escritura valga más que todos los votos de todos los mortales. Pero aquí la controversia no es sobre las Escrituras. Una y otra parte aceptan y veneran la misma Escritura. La discusión es sobre el sentido de la Escritura. Y en la interpretación de la Escritura, si algo se atribuye al ingenio y a la erudición, ¿qué ingenio más agudo y perspicaz que el de los griegos? ¿Quién más ejercitado en la sagradas letras? Tampoco faltó ingenio ni pericia en las sagradas letras entre los latinos, quienes si fueron inferiores a los griegos en los dones naturales, ayudados de sus obras escritas pudieron igualar la pericia de los griegos. Y si en este juicio se espera más la santidad de la vida que la erudición, ya se verá qué varones tiene esta parte que estableció el libre albedrío. Evitemos las comparaciones odiosas, como dicen los jurisconsultos; pues no quisiera comparar a algunos de estos pregoneros de un nuevo evangelio con aquellos antiguos.

I b 4. Aquí escucho esto: ¿qué necesidad hay de intérprete donde es clara la Escritura? Si es tan clara, ¿por qué varones tan excelentes estuvieron ciegos durante tantos siglos y en cosa que les pareció de tanta importancia? Si la Escritura no tiene nada de oscuridad, ¿qué necesidad había de la profecía en tiempo de los apóstoles? Esta era un don del Espíritu. Pero no sé si, como cesaron las curaciones y el don de lenguas, cesaría también este carisma. Y si este no cesó, hay que preguntar a quienes pasó. Si a cualesquiera, será incierta toda interpretación; si a nadie, como hoy atormentan a los doctos tantas oscuridades, no habrá ninguna interpretación clara; si a los que sucedieron a los apóstoles, se objetará que ya durante muchos siglos carecían de cualquier espíritu apostólico. Y, sin embargo, acerca de ellos, si en lo demás hay paridad, se presume que Dios infunde el Espíritu más probablemente a los que se les ha concedido las órdenes sagradas, lo mismo que creemos que es más verosímil que se dé la gracia a un bautizado que a un no bautizado.

I b 5. Pero concedamos, como en realidad hay que conceder, que puede suceder que el Espíritu revele a cualquier inculto o ignorante lo que a muchos eruditos no ha revelado, puesto que Cristo dio gracias al Padre porque lo que ocultase a los sabios y prudentes, esto es a los escribas, fariseos y filósofos, lo revelase a los *nepiois* (inmaduros), esto es, a los simples y a los necios según el mundo. Y quizás uno de esos necios fue Domingo, o Francisco, si les fue concedido seguir su Espíritu. Pero si Pablo, en su tiempo, en que estaba vigoroso este don del Espíritu, manda que se probara si el espíritu procede de Dios, ¿qué será necesario hacer en este siglo carnal? Por consiguiente, ¿por qué medio reconoceremos los espíritus? ¿Por la erudición? De uno y otro lado están los rabinos. ¿Por la vida? De uno y otro lado están los pecadores. En una parte está todo el coro de los santos que afirman el libre albedrío. Es verdad, dicen. Pero eran hombres. Por el contrario, yo comparo a los hombres con los hombres, no a los hombres con Dios. Y oigo que se me dice: ¿qué aporta la multitud para el sentido del Espíritu? Yo respondo: ¿qué aportan unos pocos? Y escucho: ¿qué tiene que ver la mitra con la comprensión de las Escrituras divinas? Te respondo: ¿para qué vale el sayal o la cogulla? Oigo que se me responde: ¿qué hace el conocimiento de la filosofía para el conocimiento de las sagradas letras? Respondo: ¿para qué vale la ignorancia? Escucho: ¿qué vale para el conocimiento de la Escritura el sínodo congregado, en el que puede suceder que no haya nadie que tenga el Espíritu? Respondo: ¿para qué vale una pequeña reunión privada de pocos entre los que es muy probable que no hay nadie que tenga el Espíritu?

I b 6. Pablo clama: *¿Acaso buscáis una prueba de que Cristo habita en mí?* No se creía a los apóstoles si los milagros no añadían fe a la doctrina. Ahora cualquiera pretende ser creído porque afirma que tiene el Espíritu evangélico. Los apóstoles arrojaban las serpientes, sanaban a los enfermos, resucitaban a los muertos, conferían el don de lenguas imponiendo las manos, y así eran creídos y apenas se les creía cuando enseñaban por medio de paradojas. Ahora, como de acuerdo a la opinión común, aduzcan casi *paradoxotera* (algo más paradójico), ya no queda ninguno de los que pudiera "sanar un caballo cojo". ¡Y ojalá algunos sin milagros ofrecieran la sinceridad y simplicidad de las costumbres apostólicas que hicieran las veces de los milagros, para nosotros un poco más tardos de entendederas!

I b 7. Esto no lo he dicho propiamente en referencia a Lutero, al que no conozco personalmente –y leyendo sus escritos percibo diversas impresiones–, sino que me refiero a algunos conocidos más cercanos a mí, quienes, si surge alguna controversia sobre el sentido de la Escritura y damos la interpretación de los antiguos ortodoxos, enseguida gritan: ¡esos hombres se equivocan!

Si se les pregunta por qué argumento puede saberse cuál sea la verdadera interpretación de la Escritura, como los hombres tienen varias opiniones, responden: por la presencia del Espíritu. Si preguntas por qué les faltó el Espíritu a aquellos, algunos de los cuales sus milagros públicos incluso iluminaron el mundo más que a ellos mismos, responden como si no hubiera habido ningún evangelio en el mundo en mil trescientos años. Si les pides una vida digna del Espíritu, responderán que ellos son justos por la fe, no por las obras. Si les pides milagros, dicen que ya los hubo en otro tiempo y ya no son necesarios con tanta luz de las Escrituras. Entonces, si niegas que sea clara la Escritura en estos textos en los que los más grandes hombres quedaron a oscuras, caemos en un círculo vicioso.

I b 8. Ahora bien, si concedemos que el que tiene el Espíritu está seguro del sentido de la Escritura, ¿cómo me costará el sentido que él asume para sí? ¿Qué haré cuando muchos exponen diversos sentidos y cada uno de ellos jura que tiene el Espíritu? A esto respondo que, como el Espíritu no sugiere todo a los mismos, incluso aquel que tiene Espíritu puede resbalar y equivocarse en alguna cosa. Esto lo digo contra aquellos que tan fácilmente rechazan la interpretación de los libros sagrados de los antiguos y oponen a la nuestra su interpretación como si saliera de un oráculo. Por último, si concedemos que el Espíritu de Cristo había de soportar que su pueblo errara en las cosas menos importantes de las que no depende especialmente la salvación de los hombres, ¿quién puede creer que disimulara el error de su Iglesia durante mil trescientos años y que no encontrase digno entre tantos santísimos varones a uno al que inspirase lo que esos pretenden que es lo más alto de toda la doctrina evangélica?

I b 9. Pero, en cuanto a esto, para terminar de una vez, ellos verán qué se atribuyen a sí mismos; yo para mí ni me arrogo la doctrina, ni una vida santa, ni me fío de mi espíritu; sin embargo, con diligencia simple pondré en el centro las cosas que mueven mi ánimo. Si alguno intentara enseñarme, consciente no rechazaré la verdad. Pero si quieren hablar mal al que educadamente y sin enfrentamientos quiere conversar mejor que disputar, ¿quién no deseará para ellos el Espíritu evangélico, que siempre tienen en su boca? Pablo clama: *Aceptad al enfermo en la fe.* Y Cristo no apagó la mecha encendida. Y el apóstol Pedro dice: *Estad siempre preparados para dar satisfacción a todos los que os pidan razón de la esperanza que hay en vosotros con mansedumbre y reverencia.* Y si ellos responden que Erasmo, como el odre viejo, no es apto para contener el mosto del Espíritu, que ellos regalan al mundo, si ellos confían tanto en sí mismos que al menos nos pongan en el lugar en que Cristo puso a Nicodemo, o los Apóstoles a Gamaliel. A aquel, aunque grosero, estaba ávido de aprender, no lo rechazó el Señor; a este no lo rechazaron los Apóstoles porque suspendiendo el juicio hasta que el final del asunto le enseñara el espíritu por el que era conducido.

I b 10. He completado la mitad de este libro y si he convencido, como me había propuesto, de que es mejor no disertar tan minuciosamente de asuntos de esta clase sobre todo ante la gente vulgar, para nada sería necesaria la argumentación a la que ahora he decidido someterme para que en todas partes prevalezca la verdad, que quizás pueda brillar de la comparación de la Escrituras, como el fuego brota del choque de las piedras de sílice. En primer lugar, no puede negarse que en las sagradas letras hay muchos pasajes que parecen afirmar el libre albedrío del hombre; asimismo, que hay algunos que parecen negarlo en absoluto. Pero nos consta que la Escritura no puede estar en contra de sí misma, porque toda ella procede del mismo Espíritu. Por consiguiente, primero revisaremos los textos que confirman nuestra tesis, luego intentaremos refutar los que parecen estar en contra. Finalmente, aquí entendemos por libre albedrío la fuerza de la voluntad humana por la que el hombre puede dedicarse a las cosas que conducen a la salvación eterna o bien apartarse de ellas.

II a 1. Aquellos que admiten el libre albedrío suelen aducir como prueba en primer lugar el texto que se lee en el libro que se titula el Eclesiástico o la Sabiduría de Sirach, cap. 15, 14-18: *Dios hizo al hombre desde el principio y le dejó en manos de su libre albedrio.* Añade sus preceptos y mandatos: *Si tú quieres, puedes guardar sus mandamientos, y es de sabios hacer su voluntad. Ante ti puso el fuego y el agua; a lo que tú quieras tenderás la mano. Ante el hombre están la vida y la muerte; lo que cada uno quiere le será dado.* No pienso que nadie sea eximido aquí de la autoridad de este libro y sea contrario a ella, porque, como indica Jerónimo, antiguamente no fuera admitido en el canon de los hebreos, cuando la Iglesia de Cristo lo admitió en el suyo con gran consenso, y no veo la causa de que aquellos pensaran que este libro debía ser excluido cuando admitieron las parábolas de Salomón y el Cantar amatorio. Así pues, que no admitieran en el canon los dos últimos libros de Esdras, en el libro de Daniel las historias de Susana y la de Bel y el dragón, Judit, Ester y algunos otros, pero los enumeraran entre los hagiógrafos, fácilmente permite deducir qué los movió a ello el que los lea con mucha atención. Por lo demás, en esta obra no hay nada semejante que moleste al lector.

II a 2. Así pues, este texto declara que Adán, principio de nuestro origen, fue creado de tal manera que tuviera una razón incorrupta que discerniera qué tenía que desear y qué rechazar; pero le añadió la voluntad, ciertamente también incorrupta, libre, de modo que si quisiera podría alejarse del bien e inclinarse al mal. En este mismo estado fueron creados los ángeles antes de que Lucifer con sus compañeros se apartaran de su Creador. La voluntad en aquellos que cayeron está corrompida tan profundamente que no pueden ser atraídos a cosas mejores; a los que permanecieron fieles les fue confirmada su buena voluntad, de modo que ni siquiera pudiesen inclinarse a la impiedad. En el hombre la voluntad era recta y libre para que perseverase en la inocencia sin una nueva gracia, pero de tal manera que sin el auxilio de una nueva gracia no pudiera alcanzar la felicidad de la vida inmortal que ha prometido Nuestro Señor Jesucristo a los suyos. Aunque todo esto no puede demostrarse con testimonios convincentes de la Escritura, ha sido explicado por los Padres ortodoxos con no poca probabilidad. Por los demás, no sólo parece que la voluntad de Eva fue corrompida sino también su razón o entendimiento, de donde manan las fuentes de todos los bienes y males. Pues parece que la serpiente la convenció de que eran vanas las amenazas con que el Señor le había prohibido que tocara algo del árbol de la vida. La voluntad de Adán más bien parece que fue corrompida por un desmedido amor a su esposa, con cuyo ánimo prefirió ser indulgente antes que obedecer el precepto de Dios; aunque en este punto pienso también que fue corrompida su razón, de la que procede la voluntad.

II a 3. Esta fuerza del ánimo por la que discernimos –que no importa si es el *nous,* es decir la mente o el entendimiento, o bien el *logos,* es decir, que prefieras llamarla razón– ha sido oscurecida por el pecado pero no extinguida; la voluntad, por la que elegimos o rechazamos, fue depravada de tal manera que no puede dirigirse a las mejores obras por sus solas defensas naturales, si no que, una vez perdida la libertad, se veía obligada a servir al pecado, al que una vez se había sometido voluntariamente. Pero una vez condonado el pecado por la gracia de Dios, hasta tal punto es libre que, según la opinión de los pelagianos, podría alcanzar la vida eterna sin el auxilio de una nueva gracia, de manera, aun aceptando que su salvación había sido recibida de Dios, el cual estableció y restituyó el libre albedrío; así podría, según los ortodoxos, con ayuda de la gracia divina (que siempre ayuda al esfuerzo del hombre), perseverar en estado recto, de manera, no obstante, que no carecería de la inclinación al mal por los residuos del pecado una vez arraigado. Pero, del mismo modo que el pecado de los padres pasa a los descendientes, así también la proclividad a pecar pasa a todos los hombres, pero la mitiga la gracia que borra el pecado de modo que puede ser vencida pero no extirpada. No porque esto no pueda hacerlo la gracia, sino porque no era conveniente para nosotros.

II a 4. Pero, así como en aquellos que carecen de la gracia (hablo de la gracia particular) la razón fue oscurecida pro no extinguida, así también probablemente sucede en aquellos en los que la fuerza de la voluntad no ha sido totalmente extinguida sino que se ha vuelto ineficaz para lo honesto. Lo que es el ojo para el cuerpo es la razón para el ánimo: ella ilumina en parte con la luz natural que se ha dado a todos, pero no en la misma medida, y esto nos recuerda el Salmo: *Se ha impreso en nosotros la luz de tu rostro, Señor* (Sal 4, 7), en parte en los preceptos divinos y en las sagradas letras, como dice nuestro salmista: *Tu palabra es lámpara para mis pasos.* (Sal 119, 105).

II a 5. De donde nace para nosotros un triple género de leyes: la ley de la naturaleza, la ley de las obras y la ley de la fe. Para emplear las palabras de Paulo, la ley de la naturaleza está profundamente grabada en las mentes de todos, tanto de los escitas como de los griegos, y nos dicta que es inicuo el hacer a otro lo que no quieres que te hagan a ti. Los filósofos, sin la luz de la fe ni la ayuda de la divina Escritura, conocieron por las cosas creadas la sempiterna virtud y la divinidad y nos dejaron muchos preceptos para bien vivir muy de acuerdo con los preceptos evangélicos, nos exhortan con abundancia de palabras a la virtud detestando la deshonestidad, y es muy probable que en ellos hubiese, en cierto modo, una voluntad propensa a lo honesto pero ineficaz para la salvación eterna si no se añade la gracia por la fe.

II a 6. En cambio, la ley de las obras manda y amenaza con la pena. Ella redobla el pecado y engendra la muerte, no porque sea mala sino porque manda cosas que sin la gracia no podemos hacer. La ley de la fe, como manda cosas más difíciles que la ley de las obras, añadiendo, no obstante, abundancia de gracia, que son imposibles por sí mismas, las vuelve no solo fáciles sino también dulces. Por lo tanto, la fe cura la mente herida por el pecado, la caridad ayuda a la voluntad inválida. La ley de las obras de algún modo era esto: *Come de todos los árboles del paraíso, del árbol de la ciencia del bien y del mal no comas, pues el día que comáis de él moriréis de muerte.* La ley de las obras fue dada de nuevo por Moisés: no mates a nadie, si matares serás matado; no cometas adulterio, si lo cometieres serás lapidado. ¿Pero qué dice la ley de la fe, que manda amar a los enemigos, llevar la cruz todos los días, despreciar la vida? *No temáis, pequeño rebaño, pues vuestro es el reino de los cielos.* Y también: *Confiad porque yo he vencido al mundo.* Y también: *Yo estoy con vosotros hasta la consumación de los siglos.* Los apóstoles proclamaron con hechos esta ley cuando, después de ser azotados con varas por el nombre de Jesús, se retiraron alegres de la presencia del Sanedrín. En relación a esto dice Pablo: *Todo lo puedo en el que conforta.*

II a 7. Esto es, sin duda, lo que dice el Eclesiástico: *Y añadió sus mandatos y preceptos.* ¿Para quiénes? En primer lugar, para aquella primera pareja del género humano, por sí mismo; después, para el pueblo judío por medio de Moisés y los profetas. La ley muestra qué quiere Dios: propone castigos si no obedeces, ofrece premio si obedeces. Por lo demás, nos deja el poder elegir a voluntad, pues nos creó libres y que pudiéramos inclinarnos a un lado o a otro. Por consiguiente, *si quieres observar sus mandamientos ellos te conservarán.* Y de nuevo: *alarga tu mano a lo que quieres.* Si se ocultara al hombre el discernimiento del bien y del mal y la voluntad de Dios, no podría imputársele que hubiera elegido equivocadamente. Si la voluntad no fuese libre, no podría imputársele el pecado, pues dejaría de ser pecado si no fuera voluntario, a no ser cuando el error o la respuesta de la voluntad hayan nacido del pecado. Así, a la violada por la fuerza no se le imputa el pecado porque ha sido obligada.

II a 8. Pero, aunque este pasaje que aducimos tomado del Eclesiástico parece cuadrar de manera peculiar con el caso de aquellos primeros progenitores, sin embargo indica una cierta razón universal a la posteridad de Adán; pero no la indicaría si no hubiera en nosotros ninguna fuerza del libre albedrío. Pues, aunque la libertad de arbitrio recibió una herida por el pecado, sin embargo no fue extinguida, y aunque contrajo una cojera de modo que antes de la gracia seamos más propensos al mal que al bien, no obstante no fue aniquilada, a no ser que la enormidad de los crímenes y la costumbre de pecar, convertida en naturaleza, ofusquen algunas veces el juicio de la mente y cieguen la libertad de arbitrio, de tal manera que aquél parezca extinguido y ésta totalmente eliminada.

II a 9. Finalmente, cuánto valga en nosotros el libre albedrío tras el pecado y antes de la gracia varían de manera sorprendente las opiniones tanto de los antiguos como de los más recientes, mientras cada uno espera algo distinto de él. Los que evitaban la desesperación y la seguridad pero querían animar a los hombres a la esperanza y al esfuerzo, atribuían más poder al libre albedrío. Pelagio enseñó que la voluntad del hombre, una vez liberada y sanada por la gracia, no necesita una nueva gracia sino que con las defensas del libre albedrío se puede llegar a la salvación eterna, de tal manera, sin embargo, que se deba a Dios la salvación del hombre, sin cuya gracia la voluntad de este no será eficazmente libre para el bien; y esta misma fuerza del ánimo por la que el hombre sigue el bien que ha conocido apartándose de lo contrario, es un beneficio del creador que habría podido producir una rana en lugar del hombre. Los que son seguidores de las teorías de Escoto están más a favor del libre albedrío, pues creen que tiene tanta fuerza que el hombre, sin haber recibido la gracia que quita el pecado, con las fuerzas de la naturaleza puede hacer obras con sentido moral, como llaman a las obras buenas que merecen la gracia "gratum facientem" (que las hace aceptables) no "de condigno" (de justicia) sino "de congruo" (de conveniencia); pues en estos términos hablan ellos.

II. a 10. Otros, diametralmente opuestos a estos, como dicen, pretenden que las obras cuanto quieras moralmente buenas, fueron detestables para Dios no menos que los actos criminales, género al que pertenecen el adulterio y el homicidio, porque no proceden de la fe y la caridad hacia Dios. La opinión de estos parece más inclemente, sobre todo cuando ciertos filósofos, lo mismo que tuvieron cierto conocimiento de Dios, así también pudiera suceder que tuvieran cierta fe y caridad hacia Dios y que no lo hicieran todo por vanagloria sino por amor a la virtud, a lo honesto; y dicen que hay que ponerlo en práctica, no por otra cosa sino porque es honesto. Pues el que por la salvación de la patria se expone a los peligros por vanagloria, hace una buena obra por su género pero no sé si moralmente buena. San Agustín y sus seguidores, considerando cuán pernicioso es para la verdadera piedad de los hombres el confiar en sus propias fuerzas, están más a favor de la gracia, que Pablo inculca en todas partes. Por eso niega que el hombre sometido al pecado pueda volver a llevar una vida correcta o hacer cualquier cosa que conduzca a la salvación, si no es estimulado con intervención divina por un don gratuito de Dios, para que quiera aquellas cosas que conducen a la salvación eterna; a esta gracia hay que otros llaman "preveniente", y Agustín "operante". Pues la fe, que es la puerta de la salvación, es un don gratuito de Dios. También a la caridad añadida a esta por un don más fecundo del Espíritu la llama gracia "co-operante", que siempre asiste a los que se esfuerzan hasta que consiguen lo que pretenden, pero de tal manera que cuando hacen la obra misma a la vez obren el libre albedrío y la gracia; la gracia, sin embargo, como guía de la obra, no como compañera. Sin embargo, en esta opinión también algunos hacen una distinción diciendo: si consideras la obra de acuerdo a su naturaleza, la voluntad del hombre es una causa más efectiva: de acuerdo a lo que se merece, la gracia. Finalmente la fe, que tiene mucha eficacia para las cosas que nos llevan a la salvación, y la caridad que para que no queramos en vano tiene mucha importancia, no son tan distintas en el tiempo cuanto en la naturaleza; pueden, no obstante, aumentarse las dos gradualmente en el tiempo.

II a 11. Así pues, comoquiera que la gracia signifique un beneficio "gratis datum" (dado gratuitamente), tres, o si prefieres cuatro, son las gracias que podemos proponer. Una, inherente a la naturaleza y viciada por el pecado, como hemos dicho, no extinguida, y a la que algunos llaman influjo natural. Esta permanece común a todos, incluso a los que perseveran en el pecado, pues son libres para hablar, callar, sentarse, levantarse, socorrer a los pobres, leer libros sagrados, oír en las asambleas, de tal manera, sin embargo, que esas cosas, según la opinión de algunos, en nada conduzcan a la vida eterna. Y no faltan quienes, teniendo en cuenta la inmensa bondad de Dios, digan que el hombre progresa por esta clase de buenas acciones, hasta tal punto que se prepare a la gracia y atraiga a sí la misericordia de Dios; aunque hay quien niega que estas cosas puedan hacerse sin una gracia especial. Esta gracia no se llama gracia porque es común a todos, cuando en realidad lo es, del mismo modo que Dios hizo mayores milagros todos los días dando origen a las cosas, conservándolas y gobernándolas que cuando sanaba a un leproso o liberaba a un endemoniado. Y sin embargo no por eso estas cosas se llaman milagros, porque se dan por igual todos los días a todos. La segunda es la gracia peculiar, por la que Dios por su misericordia estimula al pecador, sin ningún mérito, al arrepentimiento, de modo que todavía no infunda aquella gracia suprema que borra el pecado y hace al hombre grato a Dios. Así pues, el pecador, ayudado por la segunda gracia, que hemos llamado operante, está descontento consigo mismo, aunque todavía no eliminó el afecto al pecado; no obstante, con limosnas, con oraciones, dedicándose a estudios sagrados y a escuchar sermones, suplicando a hombres piadosos que rueguen a Dios por él, hace otras obras, como se dice, moralmente buenas, como un candidato a aquella gracia suprema. Pero piensan que aquella gracia, que ahora ponemos en segundo lugar, no falta a ninguno de los mortales porque la divina benignidad proporciona a cada uno en esta vida ocasiones idóneas por las que pueda arrepentirse, si se acomoda, según sus fuerzas, a la ayuda divina como la que invita, no la que obliga a lo mejor, lo cual queda en la potestad de su albedrío. Afirman que esto está en nuestro albedrío para que apliquemos nuestra voluntad a la gracia o la rechacemos, del mismo modo que está en nosotros abrir los ojos a la luz que entra por la ventana y cerrarlos de nuevo. Ahora bien, dado que la inmensa caridad de Dios para con el género humano no soporta que el hombre se frustre, incluso con aquella gracia a la que llaman gracia "gratum facientem" que santifica, o "santificante", si la rodea con todas las fuerzas, sucede que ningún pecador deba sentirse seguro, nadie, de nuevo, deba desesperar; sucede también que nadie se pierda, a no ser por su culpa. Por consiguiente, es una gracia natural, una gracia estimulante; aunque imperfecta, vuelve eficaz a la voluntad, a la que hemos llamado cooperante porque lo que se comienza va hacia adelante, una gracia que lleva hasta el final. Piensan que estas tres son la misma gracia, aunque denominadas por diversos nombres por los efectos que obran en nosotros. La primera estimula, la segunda impulsa, la tercera lleva hasta el final.

II a 12. Por consiguiente, los que se alejan mucho de Pelagio atribuyen mucha eficacia a la gracia, pero al libre albedrío apenas nada; sin embargo no lo suprimen totalmente: niegan que el hombre pueda querer el bien sin la gracia peculiar, niegan que pueda comenzar, niegan que pueda progresar, niegan que pueda llegar al final sin el auxilio principal y perpetuo de la gracia divina. La opinión de estos parece probable porque deja al hombre el deseo y el intento y, sin embargo, no le deja algo que atribuya a sus fuerzas. Pero más dura es la opinión de esos que pretenden que el libre albedrío para nada vale sino para pecar, que sólo la gracia opera en nosotros la buena obra no por medio del libre albedrío o con el libre albedrío sino en el libre albedrío, de modo que nuestra voluntad aquí no hace más que lo que hace la cera cuando, en la mano del artesano, toma cualquier forma que le ha parecido a este. Estos a mí me parecen que rehúyen la confianza en los méritos y las obras humanas *ut praeter casam* (como lejos de la cabaña), como suele decirse. Durísima parece la opinión de todos los que dicen que el libre albedrío es un nombre vacío y que no vale ni ha valido nada ni en los ángeles, ni en Adán, ni en nosotros, ni antes de la gracia, ni después de la gracia, sino que Dios opera en nosotros tanto el bien como el mal, y todas las cosas que suceden son de pura necesidad. Por todo lo dicho, mi disputa es sobre todo con las dos últimas opiniones.

II a 13. He tratado cosas un poco insistentemente para un lector no muy preparado porque escribo de manera sencilla para los sencillos, para que entiendan más fácilmente la restante argumentación; y por eso, en primer lugar hemos aducido el pasaje del Eclesiástico en el que parece describirse clarísimamente el origen y la fuerza del libre albedrío. Ahora proseguiremos más rápidamente con los demás testimonios de las Escrituras. Esto lo haremos advirtiendo antes que este texto aparece en la edición Aldina de modo diferente a como está en uso el Eclesiástico hoy entre los latinos, pues no se añade entre los griegos: "ellos te salvarán", aunque ni Agustín algunas veces añade la misma frase cuando aduce este texto; y opino que está escrito *poietai* por *poiesai*.

II a 14. Por consiguiente, como en el paraíso les había propuesto la elección entre la vida y de la muerte diciéndoles: si obedecéis mi mandato viviréis, si no moriréis, tened cuidado, elegid lo que es bueno, del mismo modo habla el Señor a Caín en el Génesis: *¿Por qué estas enfurecido y cabizbajo? ¿No es verdad que si obraras bien andarías erguido mientras que si no, estará el pecado a la puerta? Pero él siente apego hacia ti y tú debes dominarlo* (4, 6-7). Promete premio si quiere elegir lo que es bueno, promete castigo si prefiere seguir lo contrario; y manifiesta que puede vencer los impulsos del ánimo hacia lo pecaminoso y no ser arrastrado a la necesidad de pecar. Con estos textos está de acuerdo lo que el Señor dice a Moisés: *He puesto delante de ti el camino de la vida y el camino de la muerte. Elige el que es bueno y camina por él* (Deut 30, 29). ¿Qué podría decirse más claramente? Dios manifestó qué es bueno, qué es malo, manifestó los diversos premios de lo uno y lo otro, la muerte o la vida, y dejó al hombre la libertad de elegir. Sería ridículo instar a que elija a quien no tuviera potestad de aplicarlo a esto y aquello, lo mismo que si a uno que está en una encrucijada le dijera: "ves un doble camino, ¿por cual quieres ir?", cuando uno solo está abierto. De nuevo, el Deuteronomio dice: *Mira: hoy pongo ante ti la vida con el bien, la muerte con el mal. Si oyes el precepto del Señor, tu Dios, que hoy te mando, de amar al Señor, tu Dios, seguir sus caminos y guardar sus mandamientos, decretos y preceptos, vivirás y te multiplicarás, y el Señor, tu Dios, te bendecirá en la tierra en que vas a estar para poseerla. Pero si tu corazón se aparta y no escuchas y te dejas arrastrar a la adoración y al servicio de otros dioses, te anunció que irás a una ruina segura y no durarás largo tiempo sobre la tierra a cuya conquista vas en pasando el Jordán. Yo invoco hoy por testigos a los cielos y a la tierra de que os he propuesto la vida y la muerte, la bendición y la maldición. Escoge la vida para que vivas tú y tu descendencia* (30, 15-19). Aquí de nuevo oyes la palabra 'proponer', oyes la palabra 'elegir', la palabra 'rechazar', que se dirían fuera de lugar si la voluntad del hombre no fuese libre para el bien sino sólo para el mal. Sería lo mismo que si uno dijera a un hombre atado de modo que no pudiera adelantar sino un brazo a la izquierda y le dijera: mira, tienes a la derecha un vino estupendo, a la izquierda veneno, extiende la mano a lo que quieras.

II a 15. Y no disuena de esos textos lo que dice el Señor en Isaías: *Si quisierais oírme las cosas que son buenas comeréis de la tierra, pero si no quisierais oírme os aniquilará la espada.* Si el hombre no tiene de ningún modo voluntad libre para el bien, o si, como dicen algunos, ni para el bien ni para el mal, ¿qué pretenden estas palabras "si queréis, si no queréis?". Aquí más bien sería conveniente decir: "si yo quisiera, si yo no quisiera". Y como muchas cosas de esta clase se dicen a los pecadores, no veo cómo puede evitarse que no les atribuyamos cierta voluntad libre para la elección del bien, a no ser que prefiramos llamarla pensamiento o movimiento del ánimo antes que voluntad, porque es voluntad cierta y que nace del juicio. Pero así habla por el mismo profeta: *Si buscáis buscad, convertíos y venid* (cap. 21, 12). ¿Para qué exhortar a que se conviertan y vengan a los que no tienen esa potestad de ningún modo? ¿No sería igual que si le dijeras a un atado al que no quieres desatar: muévete hacia acá, ven y sígueme? Leemos en el mismo profeta: *Reuníos y venid* (45, 22). También: *Convertíos a mí y seréis salvados todos los confines de la tierra. O: Levántate, levántate, sacúdete el polvo, líbrate de la soga de tu cuello* (52, 1-2). Asimismo, Jeremías: *Si te vuelves a mí me volveré a ti, y si separas lo precioso de lo vil serás como mi boca* (15, 19). Cuando dice "si separas" indica libertad de elegir. Con más evidencia también Zacarías indica el intento del libre albedrío y la gracia preparada para el que lo intenta: *Volved hacia mí, dice el Señor de los ejércitos, y yo me volveré hacia vosotros, dice el Señor* (1, 3) Así habla Dios en Ezequiel: *Si el impío hiciera penitencia de todos los pecados que ha cometido e hiciera juicio*, etc. (18, 22) Y luego: *No recordaré todas sus iniquidades, que ha cometido* (18, 24) Asimismo: *Pero si el justo se aparta de su justicia cometerá iniquidad* (18, 31). En este capítulo tantas veces se dice "se aparta", "hiciera", "obró", para el bien como para el mal, ¿y dónde están los que niegan que el hombre haga cualquier cosa, sino sólo soportar la acción de la gracia operante? *Arrojad de vosotros todas vuestras iniquidades* (18, 31), dice. Y también: *¿Por qué mueres, casa de Israel? No quiero la muerte del pecador, convertíos y volved* (33, 11). ¿Deplora el Señor piadoso la muerte de su pueblo que él mismo ha obrado en ellos? Si él no quiere la muerte, ciertamente si perecemos hay que imputarlo a nuestra voluntad. Por lo demás, ¿qué vas a imputar a aquel que no puede hacer nada ni de bueno ni de malo? A aquellos que de ningún modo son dueños de su voluntad en vano canta esta canción el místico salmista: *Aléjate del mal y haz el bien, busca la paz y persíguela* (Sal. 35, 5).

II a 16. Pero para qué reseñar algunos textos de este género si toda la divina Escritura está llena de estas exhortaciones: *"Convertíos de todo vuestro corazón"; "Conviértase el varón de su mal camino"; "Prevaricadores, volved a vuestro corazón";* y también: *"Conviértanse todos de su mal camino y me arrepentiré del mal que pensé hacerles por la malicia* *de sus deseos"*. Y también: *"Si no me escucharais para que andéis en la ley"*. Casi nada se habla en la Escritura más que de la conversión, del deseo, del intento de lo mejor. Todas estas cosas necesariamente no tendrán importancia una vez que se admita que son inducidas por la necesidad de hacer el bien o hacer el mal. Y menos importancia tendrán tantas promesas, amenazas, peticiones, quejas, juramentos, bendiciones y maldiciones hechas a aquellos que se volvieron a lo mejor o a aquellos que, después de convertidos, lo rechazaron. *"En cualquier hora gemirá el pecador"*; *"Veo que este pueblo es de dura cerviz"*; *"¿Pueblo mío, qué has hecho?"*. Y: *"Rechazaron mis juicios"*. Y también: *"Si mi pueblo me escuchara, si Israel anduviese en mis caminos"*. Y: *El que quiera ver días buenos prohíba a su lengua hablar mal"*. Cuando oyes "el que quiere", oyes la libre voluntad. Ante estas evidencias, tal vez se le ocurre al lector la siguiente pregunta: ¿por qué prometes bajo condición lo que está en tu sola voluntad? ¿Qué pides cuando yo hago algo bueno o malo, si tú lo haces en mí quiera yo o no quiera? ¿Qué me echas en cara cuando no está en mí defender lo que me has dado ni rechazar el mal que me envías? ¿Qué opones cuando las cosas todas dependen de ti y se hacen de acuerdo a tu sentencia? ¿Qué bendices, como si yo fuera el fruto de mi deber, cuando todo lo que se ha hecho es tuyo? ¿Qué maldices, cuando yo he pecado por necesidad? Pero ¿a qué viene tanto examen de los preceptos si no está en manos de nadie observar de ningún modo lo que ha sido mandado? Pues hay quienes niegan que el hombre, justificado cuanto quieras por el don de la fe y la caridad, pueda cumplir cualquier precepto de Dios; por el contrario que todas las buenas obras, puesto que se hacen en la carne, han sido predestinadas a la condenación, a no ser que Dios por el merecimiento de la fe las perdonara por su misericordia.

II a 17. Sin embargo, las palabras que dice el Señor por medio de Moisés en el Deuteronomio declaran que lo que nos ha mandado no sólo está en nosotros, sino que estamos inclinados a cumplirlo, cuando dice: *En verdad esta Ley que hoy te impongo no es muy difícil para ti ni es cosa que esté lejos de ti. No está en los cielos para que puedas decir: ¿quién puede subir por nosotros para tomarla y dárnosla a conocer y que así la cumplamos? No está al otro lado de los mares para que puedas decir: ¿quién pasará por nosotros al otro lado de los mares para tomarla y dár-*

nosla a conocer y que así la cumplamos? La tienes enteramente delante de ti, la tienes en tu boca, en tu corazón para poder cumplirla (30, 11-14). Incluso se refiere al máximo precepto: *que te conviertas al Señor, tu Dios, con todo tu corazón, y con toda tu alma* (30, 10) ¿Qué pretendería al decir "si escuchas, si guardaras, si te conviertes" si nada de esto está de ninguna manera en nuestra potestad? No quisiera ser redundante en este acopio de textos cuando en los libros de los dos Testamentos se dicen estas cosas por doquier, de manera que quien desee encontrarlas, como se suele decir, no tiene más que buscar agua en el mar. Así pues, buena parte de la Sagrada Escritura, como he dicho, parecerá tener poco vigor si aceptaras la última o la penúltima opinión.

II a 18. Pero se encuentran en los libros sagrados algunos textos que parecen atribuir a Dios cierta contingencia e incluso mutabilidad. De esta clase es lo que leemos en Jeremías: *Pero si ese pueblo se convirtiera de las maldades por las que yo me había pronunciado contra él, también yo me arrepiento del mal que había determinado hacerle* (18, 8-10). Pero tampoco ignoramos que aquí la Sagrada Escritura habla al modo de los hombres, lo que por otra parte no hace pocas veces, aunque en Dios no cabe ninguna mutabilidad. Pero se dice que de airado se vuelve propicio, si, vueltos nosotros a cosas mejores, Él se digna favorecernos con su gracia; de nuevo de propicio se vuelve airado y, si hemos recaído en lo peor, nos castiga y aflige. En el libro cuarto de los Reyes, Ezequías oye lo siguiente: *Tú morirás y no vivirás* (20, 1). Pero tras las lágrimas escucha lo que dice el mismo profeta: *He escuchado tu oración y he visto tus lágrimas y te he conservado* (20, 5). Del mismo modo, en el segundo de los Reyes David por medio de Natán oye estas palabras del Señor: *No se alejará la espada de tu casa por toda la eternidad,* etc. (12, 13). Luego, cuando había dicho: *Pequé contra el Señor,* escucha una sentencia más leve: *El Señor también ha perdonado tu pecado, no morirás.* En estos y otros textos semejantes así como el sentido figurado del lenguaje excluye la mutabilidad de Dios así tampoco se puede evitar que entendamos que en nosotros existe una voluntad flexible hacia una y otra parte, que si por necesidad se inclina al mal, ¿por qué se le va a imputar el pecado?; si por necesidad se inclina al bien, ¿por qué Dios de airado se vuelve propicio, cuando entonces no nos deba ninguna gracia más?

II b 1. Hasta ahora hemos citado textos del Antiguo Testamento, y quizá a alguno esto le sirva de excusa, a no ser que esos textos sean del género que no sólo no son anulados por la luz evangélica, sino que con ella reciben más vigor. A continuación, vayamos a los libros del Nuevo Testamento. En primer lugar aparece el pasaje en que Cristo, lamentando la caída de la ciudad de Jerusalén, dice así: *¡Jerusalén, Jerusalén, que matas y apedreas a los profetas que te han sido enviados! ¿Cuántas veces quise congregarte, como la gallina cobija a sus polluelos bajo sus alas y no quisiste?* (Mt 23, 37). Si todo se hace por necesidad, habría podido Jerusalén con razón responder al Señor que deploraba su caída: "¿por qué te atormentas con esas lágrimas inanes? Si tú no querías que nosotros escucháramos a los profetas, ¿por qué los enviaste? ¿Por qué nos imputas lo que ha sucedido según tu voluntad, por nuestra necesidad? Tú querías congregarnos y has hecho con nosotros lo mismo que no querías cuando hiciste en nosotros esto mismo que no habríamos querido". Pero no se acusa en las palabras del Señor a los judíos la necesidad, sino la depravada y rebelde voluntad de estos: *Yo quise congregarte, tú no quisiste.* De nuevo, en otro lugar: *Si quieres entrar en la vida observa los mandamientos.* ¿Acaso se dice "si quieres" a quien no tiene libre voluntad? Asimismo dice: *Si quieres ser perfecto ve y vende lo que tienes,* etc. También: *Si alguno quiere venir en pos de mi niéguese a sí mismo y tome su cruz y sígame* (Lc 9, 23). En precepto tan difícil, sin embargo, advierte que se hace mención a nuestra voluntad. Y luego se dice: *Pues el que quisiere salvar su alma la perderá.* ¿Acaso no languidecerían todos los preclaros mandatos de Cristo si no se le atribuyera nada a la voluntad humana? *Pero yo os digo,* etc. Y añade: *Si me amáis guardad mis mandamientos.* ¿Cuánto inculca Juan los mandamientos? Qué mal se compagina esto: ¿acaso "si" puede ser congruente con la mera necesidad? *Si permaneciereis en mí mis palabras permanecerán en vosotros... Si quieres ser perfecto...*

II b 2. Ahora bien, donde tantas veces se hace mención de las obras buenas y malas, donde se hace mención de la recompensa, no entiendo de qué modo pueda haber lugar para la mera necesidad. Ni la naturaleza ni la necesidad tienen merecimiento. Así habla Nuestro Señor Jesucristo: *Alegraos y saltad de gozo porque vuestra recompensa es abundante en los cielos* (Mt. 5, 22). ¿Qué quiere decir, si no, la parábola de los operarios enviados a la viña? ¿O acaso son operarios los que no hacen nada? Se les da un denario pactado como premio del trabajo. Dirá alguno: se llama recompensa lo que de algún modo es debido por Dios, que ha empeñado al hombre su fidelidad si creyera en sus promesas. Pero también esto: creer es necesario en el que no hay ninguna función del libre albedrío cuando se aplica a creer o se aparta de creer. ¿Por qué es alabado el siervo que había aumentado el aprecio de su señor con su buen comportamiento, por qué es condenado el holgazán y el que no trabaja si nada hay allí que pongamos nosotros? De nuevo hallamos la misma idea cuando invita a todos a participar en el reino eterno, y no alude a la necesidad sino a sus buenas obras: *Disteis comida, disteis bebida, acogisteis al huésped, vestisteis al desnudo*, etc. (25, 35-36). De nuevo a los corderos que están a su izquierda les reprocha no la necesidad sino la voluntaria omisión de las obras: *Visteis al sediento,* luego se da ocasión de hacer el bien, *no le disteis de comer,* etc. (25, 42) Ahora bien, ¿no están todas las escrituras evangélicas también llenas de exhortaciones: *venid a mí los que estáis cargados, vigilad, orad, pedid, buscad, llamad, ved, tened cuidado?* ¿Qué significan las parábolas que hablan de guardar en todo la palabra de Dios, de salir al encuentro del esposo, del nocturno excavador para construir su casa sobre la roca? Sin duda nos excitan el deseo, el esfuerzo, la destreza para que no perezcamos despreciando la gracia de Dios. Estas cosas os parecerían débiles o superfluas si todas se refirieran a la necesidad. Lo mismo hay que decir de las amenazas evangélicas: *¡Ay de vosotros escribas, ay de vosotros hipócritas!* (Mt 23, 23). Y también ciertas reprobaciones serían poco persuasivas: *Generación incrédula y perversa, serpientes, raza de de víboras, ¿hasta cuándo estaré con vosotros, hasta cuando os sufriré? ¿Cómo haréis para huir del juicio de la Gehena? Por sus frutos los conoceréis, dijo el Señor.* Los frutos son las obras y dice que son nuestras, pero no serían nuestras en el caso de que fueran realizadas por necesidad. Ora en la cruz: *Padre, perdónalos porque no saben lo que hacen.* ¡Cuánto más justamente los excusaría si no tuvieran voluntad libre ni pudieran hacer otra cosa en el caso de que quisieran! De nuevo en el Evangelio: *Les dio el poder de hacerse hijos de Dios a los que creen en su nombre* (Jn 1, 12). ¿Cómo se da el poder de hacerse hijos de Dios a los que todavía no lo son si nuestra voluntad no tiene ninguna libertad? Comoquiera que algunos ofendidos por las palabras del Señor se apartasen de él, dijo a los discípulos más cercanos: *¿Acaso vosotros también queréis iros?* Si ellos no se marcharan por voluntad propia sino por necesidad, ¿por qué pregunta a los demás si ellos también quieren marcharse?

II b 3. Pero no nos haremos pesados al lector aduciendo todos los pasajes de esta clase, que así como son innumerables se le ocurren fácilmente a cualquiera de manera. Examinemos en Pablo, valiente defensor de la gracia y constante luchador por las obras de la ley, si también se puede encontrar que afirme el libre albedrío. Y en primer lugar se nos presenta el pasaje de la Epístola a los Romanos: *¿Acaso desprecias las riquezas de su bondad, de su paciencia, de su largueza? ¿Acaso ignoras que la benignidad de Dios te conduce a la penitencia?* (2, 4). ¿Cómo se puede imputar el desprecio de un mandato donde no hay una voluntad libre? ¿Cómo Dios puede invitar a la penitencia si es autor de la impenitencia? ¿O cómo puede ser justa la condena si el juez obliga a obrar el mal? Y, sin embargo, poco antes Pablo había dicho: *Pues sabemos que el juicio de Dios es de acuerdo a la verdad para con los que obran tales cosas* (2, 2). Escuchas la palabra "acción", escuchas "juicio de acuerdo a la verdad". ¿Dónde está la mera necesidad? ¿Dónde la voluntad si no es otra cosa que paciente? Pero mira a quién imputa Pablo su maldad: *Según tu obstinación y tu corazón impenitente atesoras para ti ira en el día de la ira y de la revelación del justo juicio de Dios, quien retribuirá a cada uno de acuerdo con sus obras* (2, 5ss). Y aquí escuchas "el justo juicio de Dios", escuchas "obras dignas de castigo". Y si Dios nos imputara sólo sus buenas obras, que hace por medio de nosotros para la gloria, el honor y la inmortalidad, sería digna de alabanza su benignidad. Aunque aquí el Apóstol añade: *"según la paciencia de la buena obra",* y de nuevo: *para los que buscan la vida eterna* (2, 7). Por lo demás, ¿con qué justicia se causará ira, indignación, tribulación o angustia a un hombre por obrar el mal, si nada hace por su voluntad sino todo por necesidad?

II b 4. Ahora bien, ¿qué valor tienen las comparaciones paulinas de los corredores en el estadio, del premio de la victoria, de la corona del vencedor, si nada hay que atribuir al libre albedrío? En la epístola primera a los Corintios dice: *¿Acaso no sabéis que los que corren en el estadio, todos ciertamente corren pero solo uno recibe el premio? Corred de tal mo-*

do que consigáis, etc.(9, 24-25). Luego añade: *Pero aquellos corrían para alcanzar una corona corruptible, pero nosotros una incorruptible.* La corona no se da sino a los competidores y se concede como premio, como un honor por los méritos. De nuevo en la primera carta a Timoteo dice: *Combate el buen combate de la fe, alcanza la vida eterna* (6, 12). Donde hay combate hay un esfuerzo voluntario, allí hay peligro de que si paras pierdas el premio. No ocurre lo mismo cuando todas las cosas suceden por mera necesidad. De nuevo a Timoteo en la segunda carta le dice: *Pues quienquiera que compite en el estadio no es coronado sino compite legítimamente* (2, 5). Un poco más arriba dice: *Trabaja como un buen soldado de Cristo* (2, 3). Recuerda también al agricultor que trabaja en el campo. Al que compite se le da la corona; al soldado, el salario; el agricultor recoge el fruto. En la misma epístola dice: *He peleado el buen certamen, he terminado la carrera, no me resta sino recibir la corona de justicia que el Señor, justo juez, me dará en aquel día* (4, 6). Me parece difícil compaginar las palabras certamen, corona, juez justo, dar, competir, con la mera necesidad de todas las cosas, con una voluntad que no hace nada sino que permanece pasiva.

II b 5. Tampoco Santiago atribuye los pecados de los hombres a la necesidad o a Dios que obra en nosotros, sino a su depravada concupiscencia: *Dios,* dice, *no tienta a nadie sino que cada uno es tentado por su propia concupiscencia que le atrae y seduce; luego la concupiscencia cuando ha concebido pare el pecado* (1, 13-15). Pablo llama a las malas acciones de los hombres obras de la carne, no obras de Dios, sin duda llamando carne a lo que Santiago llama concupiscencia. Y en Hechos de los Apóstoles (5, 3) Ananías escucha lo siguiente: *¿Por qué ha tentado Satanás tu corazón?* Asimismo Pablo en la epístola a los Efesios (2, 2) atribuye las malas obras al espíritu de este mundo, que actúa en los hijos de la infidelidad: *¿Qué relación puede haber de Cristo con Belial?* (Cor 6, 15). O se nos dice: *Plantad un árbol bueno y sus frutos serán buenos o plantad un árbol malo y asimismo sus frutos serán malos* (Mt 12, 33). Por consiguiente, ¿con qué cara pueden algunos atribuir los peores frutos a Dios, que es el mejor de todos? Pero aunque la mala concupiscencia es solicitada por Satanás o por cosas exteriores, o a veces por la ocasión de una cosa que está en el hombre, sin embargo la solicitación no lleva consigo la necesidad de pecar, si queremos resistir, después de implorar el auxilio divino, del mismo modo que el Espíritu de Cristo provocándonos a obrar bien no lleva consigo la necesidad sino la ayuda. El Eclesiástico (15, 21) está de acuerdo con Santiago: *A nadie mandó Dios obrar impíamente y a nadie dio la ocasión de pecar.* Ahora bien, el que obliga hace más que si mandara. Pero más evidente es lo que escribe Pablo en la epístola segunda a Tito (2, 21): *Por consiguiente, si alguno se hubiere purificado de estas cosas será un vaso de honor.* Pero ¿cómo se purifica quien no hace nada en absoluto? Sé que aquí subyace una figura, pero por el momento basta decir que este pasaje no está de acuerdo con aquellos que quieren atribuirlo todo a la mera necesidad. Se armoniza esta idea con la epístola primera de Juan (3, 3): *Todo el que tiene esta esperanza en Él se santifica, así como también Él es santo.* Admitiré aquí una figura si ellos a su vez nos permiten el refugio de figuras en otros lugares. Sin embargo, sería demasiado desvergonzado si uno interpretara la figura de este modo: se santifica, es decir, es santificado, quieras o no quieras, por Dios. *Rechacemos,* dice Pablo, *las obras de las tinieblas.* Y también: *Despojaos del hombre viejo con sus actos.* ¿Cómo se nos manda arrojar y despojarnos si no hacemos nada? Del mismo modo, en la epístola a los Romanos (7, 18) dice: *Pues el querer está dentro de mí pero no encuentro el modo de hacer el bien.* Aquí Pablo parece confesar que está en la potestad del hombre querer lo que es bueno; pero el mismo querer es una buena obra, de otra manera el querer el mal tampoco estaría en los malos. Por lo demás está fuera de controversia que el haber querido matar es malo.

II b 6. De nuevo en la primera epístola a los Corintios (14, 32) dice: *El espíritu de los profetas está sometido a los profetas.* Si a los que conduce el Espíritu Santo lo hace de manera que sean libres si quisieran callar, mucho más está en su derecho la voluntad del hombre por sí misma. Pues aquellos a los que guía un espíritu fanático no pueden callar aunque quisieran con frecuencia ellos mismos no entienden qué dicen. A lo mismo se refiere lo que aconseja a Timoteo en la primera epístola (4, 14): *No desprecies la gracia que hay en ti.* Pues declara que está en nosotros apartar el ánimo de la gracia que se nos ha dado. Asimismo, en otro lugar: *Y su gracia no fue vacía en mí.* Deja constancia de que él no faltó a la gracia divina. Pero, ¿de qué modo no falta a la gracia el que no hace nada? Pedro en la epístola segunda (1, 5) dice: *Pero vosotros poned el mayor empeño en añadir la virtud a vuestra fe.* Y luego (1, 10): *Por lo cual, hermanos, cuidaos mucho de hacer segura por vuestras buenas obras vuestra vocación y elección.* Quiere que nuestra solicitud vaya unida a la gracia divina para que, por la virtud, gradualmente lleguemos a la perfección.

II b 7. Aun a riesgo de que a alguno le parezca que me excedo al reunir tantos textos que se nos presentan por todas partes en los divinos libros, quiero recordar cuando escribe Pablo en la epístola segunda a Timoteo (3, 16): *Pues toda la Escritura inspirada por Dios es más útil para enseñar, para argumentar, para corregir, para educar,* etc. Ninguna de estas cosas parece tener lugar donde todo deviene por la mera e inevitable necesidad. ¿A qué vienen tantas alabanzas a los santos en el Eclesiástico (44 y ss.) si nada se debe a nuestra acción? ¿Qué pretende para sí la en todas partes alabada obediencia si somos instrumento de Dios para las buenas y a la vez las malas obras, como el hacha para el leñador?

II b 8. Pero todos somos tal instrumento, si es verdadera la tesis de Wyclif, quien sostiene que todas las cosas –tanto antes como después de la gracia, las buenas y las malas a la vez, incluso las indiferentes– se hacen por la mera necesidad, sentencia que aprueba Lutero. Y para que nadie piense que esto es una ficción mía, trascribiré algunas de sus *Aserciones*: "De donde, dice, es necesario también revocar este artículo. Pues he dicho mal que el libre albedrío antes de la gracia es cosa sólo de nombre. Debí decir simplemente: el libre albedrío es una ficción en la realidad, o un nombre vacío de contenido, porque nadie tiene en su mano pensar cualquier cosa del mal o del bien, sino que todas, como enseña rectamente el artículo de Wyclif condenado en Costanza, suceden absolutamente por necesidad". Hasta aquí hemos citado las palabras de Lutero. Paso por alto, por prudencia, muchos pasajes que se encuentran tanto en los Hechos como en el Apocalipsis para no hacerme pesado al lector. Estos, tan numerosos, movieron no sin razón a eruditos y santos varones para que no desecharan totalmente el libre albedrío, tan lejos estaban de que fueran instigados por el espíritu de Satanás y cayeran en la condenación eterna confiados en sus propias obras.

III a 1. Ahora es momento de reproducir algunos testimonios de la Sagrada Escritura que parecen suprimir absolutamente el libre albedrío. Conocemos ciertamente algunos que nos salen al paso en los libros sagrados, pero especialmente dos entre ellos son los más evidentes, y el apóstol Pablo los trata uno y otro de tal modo que a primera vista no parezca atribuir nada en absoluto ni a nuestras obras ni a las fuerzas del libre albedrío. Pablo lo aborda en la epístola a los Romanos del siguiente modo: *Endureció el Señor el corazón del Faraón y no los escuchó* (Ex 7, 13), y lo relaciona con: *Pero por eso te he puesto para manifestar en ti mi fortaleza y proclamar mi nombre en toda la tierra* (Ro 7, 17). Pablo así lo explica aduciendo un pasaje semejante, que es del Éxodo (9, 32): *Pues dijo a Moisés: Me compadeceré, de quien me compadezco, me apiadaré de quien me apiado.* Por consiguiente, no depende del que quiere o del que corre, sino de Dios que se compadece. El otro pasaje es de Malaquías: *¿Acaso no era Esaú hermano Jacob, dice el Señor? Y amé a Jacob y odié a Esaú* (1, 3). Pablo lo explica del siguiente modo: *Pues cuando todavía no habían nacido ni todavía hubiesen hecho nada bueno ni malo para que permaneciera el plan de Dios de acuerdo a elección, no por las obras se, sino, por el que llama, porque el mayor serviría al menor, según está escrito: amé a Jacob, odié a Esaú* (9, 11).

III a 2. Pero, como parece absurdo que se diga que Dios, que no sólo es justo sino también bueno, endureciese el corazón del hombre para dar a conocer su potencia por la malicia de aquel, Orígenes en el libro tercero de *Sobre los principio* soluciona la dificultad afirmando que la ocasión de endurecimiento dada por Dios recae sobre el Faraón porque, por su malicia, se hizo más obstinado por lo mismo por lo que debía haber sido conducido a la penitencia; de la misma manera que a causa de la misma lluvia la tierra cultivada produce óptimos frutos y la tierra baldía espinos y abrojos; y como a causa del mismo sol la cera se derrite y el cieno se endurece, así la benignidad de Dios, que tolera al pecador, a unos los conduce a la penitencia y a otros los reduce a la obstinación en su malicia. Por consiguiente, tiene misericordia de aquellos que, reconociendo la bondad de Dios, se arrepienten. Ahora bien, se endurecen con los que, llamados a la penitencia, ignorando la bondad de Dios, se decantan por lo peor. Ahora bien, la figura por la que se dice que lo hizo el que dio la ocasión se prueba en primer lugar por el dicho popular en el que un padre se lamenta ante su hijo: *Te he perdido porque cuando te desviaste no te castigué enseguida.*

III a 3. Se emplea la misma figura en Isaías (63, 17), donde dice: *¿Por qué, Señor hiciste que nos equivocáramos, endureciste nuestro corazón para que no te temiéramos?* Este pasaje lo interpreta Jerónimo de acuerdo con la opinión de Orígenes. Dios endurece el corazón cuando no castiga inmediatamente al que peca y se apiada cuando enseguida invita a la penitencia por medio de aflicciones. Así, en Oseas (4, 14) habla airado: *Y no castigaré a vuestras hijas cuando hubieren fornicado.* De nuevo se expresa con tono inmisericorde en el Salmo 88, 33: *Castigaré con mi vara sus iniquidades y con azotes sus pecados.* Con la misma figura habla Jeremías (20, 7): *Me has seducido, Señor, y he sido seducido, fuiste más fuerte y me venciste.* Se dice que seduce el que no se aleja enseguida de su error, y Orígenes piensa que esto mismo conduce a una salud más perfecta, así como los cirujanos experimentados prefieren cerrar más tarde la cicatriz de la herida para que, extraída más cantidad de pus de ella por la abertura, se consiga una definitiva sanación. Orígenes añade también lo que dice el Señor: *A esto mismo te incité.* No dice: para esto mismo te hice, pues de otro modo el Faraón no habría sido impío, si Dios le hubiese hecho de tal manera que hubiese contemplado todas sus obras y vio que eran muy buenas. Ahora, creado con una voluntad voluble hacia uno y otro lado, por su propia voluntad se volvió hacia el mal cuando prefirió seguir los dictados de su ánimo antes que obedecer los mandatos de Dios.

III a 4. Pero Dios se vale de esta malicia del Faraón para su gloria y para la salvación de su pueblo, con lo que sería más evidente que los hombres que resisten a la voluntad de Dios lo intentan en vano, lo mismo que un rey prudente o un paterfamilias es llevado a castigar a los malos por la maldad de algunos a los que odia. Y, sin embargo, no se violenta nuestra voluntad si el resultado de los sucesos está en manos de Dios, o si aquel intento del hombre, por el arcano juicio de Él, se vuelve hacia un lado distinto al que se proponían. Por consiguiente, del mismo modo que el intento de los malos lo convierte en el bien de los piadosos, así también los intentos de los buenos no consiguen lo que desean si no son ayudados por el favor gratuito de Dios. Sin duda, esto es lo que añade Pablo al afirmar: *No* *depende del que quiere o del que corre sino de Dios misericordioso* (Ro 9, 16). La misericordia de Dios previene nuestra voluntad, la acompaña en el intento, da el resultado feliz. Y, sin embargo a la vez nosotros queremos, corremos y conseguimos, de modo que esto mismo que es nuestro lo atribuyamos a Dios al que pertenecemos totalmente.

III a 5. Ahora bien, explican suficientemente estos autores el problema de la presciencia, afirmando que no impone la necesidad a nuestra voluntad, aunque según mi opinión apenas nadie con más acierto que Lorenzo Valla. Pues la presciencia no es causa de las cosas que suceden, ya que conocemos muchas cosas de antemano que no suceden porque las conocemos de antemano, sino que las conocemos antes por lo que han de suceder, del mismo modo que no hay eclipse de sol porque hayan predicho los astrólogos que sucedería, sino que predijeron que había de suceder porque iba a suceder.

III a 6. Por lo demás, la cuestión de la voluntad y los designios de Dios es más difícil. Pues Dios quiere lo mismo que prevé, puesto que de algún modo es necesario que quiera lo que conoce de antemano que ha de suceder; sin embargo, el que lo conozca no es obstáculo puesto que lo tiene en su mano. Y esto es lo que da a entender Pablo al decir: *¿Quién resiste a su voluntad, si tiene compasión del que quiere, si endurece al que quiere?* (Ro 9, 19) Así pues, si hubiese un rey que hiciese lo que quisiera y nadie pudiera oponérsele, se diría que hace lo que quiere. Así la voluntad de Dios parece inducir la necesidad a nuestra voluntad, porque es la causa principal de todo lo que sucede. Y Pablo no explica esta cuestión sino que reprende a continuación al que disputa: *Oh, hombre, ¿tú quién eres, para responder a Dios?* (Ro 9, 20). Reprocha la palabra impía que murmura, como si el amo dijera al siervo respondón: '¿a ti que te importa por qué yo te mando así? Tú haz lo que te mando'. De otra manera habría respondido si el siervo prudente y benévolo deseara modestamente aprender de su señor, por lo cual quisiera hacer esto que a primera vista parece inútil. Dios quiso que el Faraón pereciera de mala manera y lo quiso justamente y era bueno que pereciera; y, sin embargo, él no fue coaccionado por la voluntad de Dios para ser impío pertinaz. Es como si un señor, conocedor de la depravada índole de su siervo, le encomienda una misión en la que se le diera ocasión de pecar, y cogido en la falta pagara la pena para ejemplo de los demás, prevé que ha de pecar y que se valdrá de su mala índole, y quiere de alguna manera que peque; sin embargo no es excusado el siervo, que pecó por su propia malicia. En efecto, ya antes había merecido que, manifiesta su malicia, pagara las penas ante todos. Pero, ¿dónde pones el origen de los méritos, cuando es perpetua la necesidad, y no hubo nunca libre voluntad?

III a 7. Respecto a lo que dijimos acerca del resultado de los acontecimientos, cabe afirmar que Dios imprime a lo que hace un rumbo distinto al que los hombres pretenden, como en realidad sucede en la mayor parte de los casos, aunque no es siempre verdad y más frecuentemente sucede en las cosas malas que en las buenas. Los judíos cuando crucificaron al Señor tenían la intención de eliminarlo totalmente. Tal intención impía Dios la convirtió en la gloria de su Hijo y en la salvación de todo el mundo. Pero el centurión Cornelio, que pretendía con sus buenas obras el favor de la divinidad, consiguió lo que pretendía. Y Pablo, terminada su carrera, alcanzó la corona a la que aspiraba.

III a 8. Aquí no escrutaré si Dios, que es sin discusión la primera causa de todas las cosas que suceden, algunas las haga por medio de las causas segundas de manera que, entretanto, Él no haga nada; o si obra de tal manera que las causas segundas sólo cooperen con la causa principal, aunque por otra parte no sean necesarias. Ciertamente, no puede ponerse en duda que Dios, si quisiera, podría volver en otra dirección los efectos naturales de todas las causas segundas. Sin duda puede hacer que el fuego refrigere y humedezca, que el agua se endurezca y seque, que el sol se oscurezca, que los ríos se queden rígidos, que las rocas fluyan, que el veneno cure, que el alimento mate, del mismo modo que el fuego del horno de Babilonia reconfortó a los tres jóvenes y el mismo fuego abrasó a los caldeos. Siempre que Dios hace esto, se dice que es un milagro. Por esta razón puede quitar el gusto al paladar, el juicio a los ojos, paralizar las facultades del ingenio, de la memoria y de la voluntad y obligarlas a lo que le pareciere, lo mismo que hizo con Balaam, que había venido para maldecir y no pudo; una cosa decía con la lengua, otra quería su ánimo. Por lo demás, lo que se hace pocas veces no pertenece a la opinión general. Y sin embargo, lo que quiere Dios lo quiere por causas justas, aunque con frecuencia para nosotros desconocidas. Nadie puede resistir a esta voluntad, pero sin duda a menudo se resiste a la voluntad ordenada o, como la llaman las escuelas, a la voluntad "de signo". ¿O acaso no resistió Jerusalén cuando no quiso congregarse cuando Dios lo dispuso?

III a 9. Pero alguien diría: la necesidad en los sucesos de las cosas tiene doble nombre, porque no puede fallar la presciencia de Dios ni impedirse su voluntad. No toda necesidad excluye la libre voluntad, del mismo modo que Dios Padre necesariamente engendra al Hijo y sin embargo lo engendra voluntaria y libremente porque no lo hace obligado. En las cosas humanas puede manifestarse también una cierta necesidad que, sin embargo, no excluya la libertad de nuestra voluntad. Dios sabía de antemano –y lo que sabía, quería de algún modo que sucediera– que Judas entregaría al Señor. Así pues, si esperas la presciencia infalible de Dios y su voluntad inmutable, necesariamente sucederá que Judas entregue al Señor y, aun así, Judas habría podido cambiar su voluntad y, sin duda, también habría podido no aceptar su voluntad impía. Dirás: '¿qué habría pasado si la hubiese cambiado?'. No habría sido falsa la presciencia de Dios ni se habría impedido su voluntad, porque esto mismo lo habría conocido previamente y lo había de querer, o sea, que había de cambiar la voluntad de Judas. En estos temas, los que discuten el asunto con sutileza escolástica aceptan la necesidad de la consecuencia pero rechazan la necesidad de un consecuente, pues con estas palabras suelen explicar su opinión. En efecto, afirman que necesariamente se cumpliría que Judas entregaría al Señor si Dios lo quiso desde la eternidad con voluntad eficaz, pero niegan que se siga que por eso haya de traicionarlo necesariamente al aceptar por su perversa voluntad este acto impío.

III a 10. Pero no accedo a continuar con este género de argucias. Lo que ya se ha dicho (*Endureció el Señor el corazón del Faraón*) puede tomarse en el mismo sentido que aquel texto de Pablo: *Los entregó a su réprobo sentir,* para que el mismo hecho sea el pecado y la pena del pecado. Pero a los que Dios entregó a este sentir réprobo ciertamente los entregó por los merecimientos precedentes como al Faraón, porque provocado por tantos signos no quiso dejar marchar al pueblo, o como a los filósofos, que aunque conocieran la divinidad dieron culto a las piedras y la madera. Pero cuando hay verdadera y perpetua necesidad no puede haber ningún mérito, ni bueno ni malo. A esto no puede negarse que a todo acto concurra la acción divina, puesto que toda acción es una cierta cosa y también es un cierto bien, como lo es abrazar a una adúltera o querer hacerlo. Por lo demás, la malicia del acto no procede de Dios sino de nuestra voluntad, a no ser que Dios, como se ha dicho, pueda en algún sentido decirse que opera en nosotros por la malicia de nuestra voluntad al permitir que vaya a donde quiera y no la detenga con su gracia. Así se dice que ha perdido al hombre porque, habiendo podido salvarle, permitió que pereciera.

III a 11. Pero con esto ya es suficiente en lo referente a este texto. Ahora hablaré del otro, de Esaú y Jacob, de los que antes de nacer se dijo en un oráculo: *El mayor servirá al menor* (Gn, 25, 23). Esta palabra no se refiere propiamente a la salvación del hombre ya que Dios puede disponer que, quiera o no quiera, sea siervo o pobre, aunque sin por ello excluirle de su eterna salvación. Por lo demás, en cuanto a lo que añade respecto al texto de Malaquías (*Amé a Jacob, pero odié a Esaú*), si urgimos al sentido de las palabras, Dios no ama ni odia como nosotros, pues en él no caben los afectos de esta clase. Además, lo que había comenzado a decir, parece que allí el profeta habla no del odio por el que es condenado para toda la eternidad, sino de una aflicción temporal como cuando se habla de la ira y el furor de Dios. Allí eran reprendidos los que querían reconstruir Edón cuando Dios quería que permaneciese destruida.

III a 12. Finalmente, en cuanto al sentido figurado, ni Dios amó a todos los gentiles ni odió a todos los judíos, sino que había elegido de unos y otros a algunos para que este testimonio que se encuentra en Pablo no sirviera, sobre todo, para probar la necesidad sino más bien para reprimir la arrogancia de los judíos, que creían que a ellos se debía propiamente la gracia evangélica puesto que eran la descendencia de Abraham, abominaban de los gentiles y no soportaban que fueran recibidos en la comunidad de la gracia evangélica. Explicando esto, poco después, dice: *A los que también llamó no sólo de entre los judíos* (Ro 9, 24), pero porque Dios, a los que odia o ama, los odia y ama por causas justas: el odio o el amor que tiene a los que van a nacer no se opone al arbitrio de la libertad más que el que tiene a los nacidos (a los todavía no nacidos, por su parte, los odia porque conoce de antemano con certeza que van a hacer obras dignas de odio). Los judíos, que eran el pueblo elegido, fueron rechazados y los gentiles, que no eran el pueblo elegido, fueron aceptados. ¿Por qué los judíos fueron cortados como una rama del olivo? Porque no quisieron creer. ¿Por qué fueron injertados los gentiles? Por obedecer al Evangelio. Esta razón es la que da Pablo: *por su incredulidad,* dice, *fueron desgajados,* ciertamente porque no quisieron creer. Y a los que han sido desgajados les da la esperanza para ser de nuevo injertados, si abandonando la incredulidad quisieran creer; y a los injertados le infunde el miedo de ser separados, si se apartaran de la gracia de Dios. *Tú,* dice, *permaneces en pie por la fe, no seas engreído, al contrario teme* (Rom, 11, 20). Y luego añade: *para que no presumáis de vosotros mismos.* Estas palabras, sin duda, demuestran que lo que Pablo hace aquí es corregir a la vez la arrogancia tanto de los gentiles como de los judíos.

III a 13. El tercer texto es de Isaías (45, 9): *¡Ay del que compite con su hacedor! ¡Es el tiesto de los tiestos de la tierra! ¿Acaso dice la arcilla al alfarero: qué es lo que haces?* Y también: *Tu obra dice: ¿no tienes manos?* Pero más claramente en Jeremías (18, 6): *¿Acaso no puedo yo hacer de vosotros, casa de Israel, como hace el alfarero? Como está el barro en la mano del alfarero así estáis vosotros en mi mano, casa de Israel.* Estos testimonios tienen más fuerza en Pablo que en los profetas de donde han sido escogidos. Pues Pablo los comenta así: *¿O es que no puede el alfarero hacer del mismo barro un vaso para usos honorables y otro para usos viles? Pues si para mostrar Dios su ira y dar a conocer su poder soportó con mucha longanimidad los vasos de ira maduros para la predicación. Y por el contrario quiso hacer ostentación de la riqueza de su gloria sobre los vasos de su misericordia que Él preparó para la gloria.* (Ro 9, 21-22). Ambos textos del profeta reprueban al pueblo que murmura contra el Señor porque lo había castigado para que se enmendara. El profeta reprime estas impías voces del mismo modo que Pablo reprime esta impía queja: *Hombre, ¿tú quien eres?* (9, 20) En estas cosas debemos someternos a Dios como el barro húmedo a las manos del alfarero. Pero esto no quita totalmente el libre albedrío ni excluye nuestra voluntad que coopera con la voluntad divina para la salvación eterna. Pues en Jeremías sigue luego una exhortación a la penitencia, texto que antes hemos recogido. Esa exhortación sería en vano si todo lo hiciéramos por necesidad.

III a 14. Finalmente, las palabras de Pablo explican suficientemente que no se refieren a excluir por completo la fuerza del libre albedrío, sino a reprimir la impía murmuración de los judíos contra Dios, quienes por la contumaz incredulidad eran rechazados de la gracia del Evangelio y los gentiles aceptados por su fe, en su carta segunda a Timoteo (2, 20-21): *En una casa grande no sólo hay vasos de oro y plata sino también de madera y de barro, y los unos para usos de honra y los otros para usos viles. Quien se mantenga puro de estos errores será vaso de honor, santificado, idóneo para el amo, dispuesto para toda obra buena.* Tales comparaciones son aducidas en la Sagrada Escritura con el propósito de enseñar, aunque no cuadren totalmente. De otra manera, ¿qué más necio que si uno dijera a una vasija samia: 'si te limpiaras a ti misma serías vasija útil y honorable'? Pero esto se dice rectamente de un ánfora que razona y, amonestada, puede acomodarse a la voluntad de su dueño. Además sin duda si el hombre simplemente es para Dios lo que el barro en las manos del alfarero, cualquier vaso que se modele no se atribuirá sino al alfarero, sobre todo si es tal el alfarero que haya creado y configurado el mismo barro a su voluntad. Y he aquí que el vaso, que no ha merecido castigo, pues no tiene autonomía, es arrojado al fuego eterno. Interpretemos la parábola de acuerdo a que ha sido puesta para enseñar. Y si queremos acomodar todas sus partes de manera estricta a lo que se ha propuesto, nos veremos obligados a decir muchas ridiculeces. Este alfarero hace un vaso que merece ser rechazado pero por los méritos precedentes, del mismo modo que Dios rechaza a ciertos judíos, pero por su incredulidad. A la vez, de los gentiles hace un vaso honorable porque creen. Ahora bien, los que nos apremian con las palabras de la Sagrada Escritura y quieren simplemente ser aceptados con el símil del alfarero y su masa de barro, ¿por qué no nos conceden que simplemente aceptemos el otro texto: si *alguno se hubiere limpiado*? Y así vemos que Pablo se contradice. En el primer texto, todo lo pone en manos de Dios, en este todo lo pone en manos del hombre. Y sin embargo uno y otro texto son correctos, aunque éste lo ve de una manera, aquel de otra. El primero cierra la boca al que murmura de Dios, el segundo invita a la acción diligente y aleja del exceso de confianza o de la desesperación.

III a 15. No es distinto a este el pasaje de Isaías (10, 15): *¿Acaso se ensoberbece el hacha contra el que la maneja, la sierra contra el que la mueve? Como si la vara dirigiera al que la levanta, como si el bastón levantara al que no es madera.* Esto fue dicho contra un rey impío, de cuya maldad Dios se había servido para castigar a su pueblo, pues este atribuía a su sabiduría y a sus fuerzas lo que se hacía por permisión divina, siendo él el instrumento de la cólera divina. Era el instrumento, pero vivo y racional. De acuerdo con el símil del hacha o la sierra, no sería absurdo decir que también ellas hacían algo juntamente con el artesano. Los siervos son instrumentos vivos de sus amos, como enseña Aristóteles, como serían las hachas, las sierras, los azadones y el arado, si pudieran moverse por sí mismos como los trípodes y las jofainas, que Vulcano fabricó de tal manera que fueran al combate ellas solas. El dueño prescribe, provee lo necesario, y nada puede hacer el siervo sin el señor y, sin embargo, nadie dirá que el siervo no hace nada obedeciendo los mandatos del señor. En fin, la comparación que se ha puesto no vale para eliminar la libertad de arbitrio sino para reprender la arrogancia de un rey que atribuía lo que había hecho no a Dios sino a su propia fortaleza y sabiduría.

III a 16. Pero tampoco se refuta difícilmente lo que aporta Orígenes tomado de Ezequiel: *Le arrancaré el corazón de piedra y le pondré un corazón de carne* (36, 26). Semejante figura podría utilizar también el maestro para con el discípulo que usa solecismos: te libraré de esa lengua bárbara y te pondré una lengua romana; no obstante, requiere el esfuerzo del discípulo, aunque sin la obra del maestro el discípulo no puede cambiar el lenguaje. ¿Qué es el corazón de piedra? Un corazón indócil y obstinado en la malicia. ¿Qué es un corazón de carne? Un corazón dócil y que acepta la gracia divina. Los que admiten el libre albedrío afirman, sin embargo, que el ánimo obstinado en el mal no puede ablandarse para la verdadera penitencia si no es con la ayuda de la gracia del cielo. El que te vuelve dócil exige tu esfuerzo para que aprendas.

III a 17. David ora así: *Dios, crea en mí un corazón puro.* Y Pablo dice: *¿Quién podrá limpiarse?* Y Ezequiel dice: *Haceos un corazón nuevo y un espíritu nuevo.* Por el contrario, David clama: *Renueva en mis entrañas un espíritu recto.* David ora: *Borra todas nuestras iniquidades.* Por el contrario dice Juan: *Todo el que tiene esta esperanza en Él se santifica, como Él es santo.* David ora: *Líbrame, Dios, de los hombres sanguinarios.* El profeta replica: *Rompe las cadenas de tu cuello, cautiva hija de Sión.* Pablo dice: *Rechacemos las obras de las tinieblas,* y añade: *abandonando toda malicia y todo dolo y las simulaciones.* Y Pablo a los Filipenses (2, 12) les dice: *Con miedo y temor obrad vuestra salvación.* Y en la primera a los Corintios (12, 6): *Pero el mismo Dios que obra todo en todos.* De este género hay más de seiscientos pasajes en las divinas letras. Si el hombre no obra nada ¿por qué dice *obrad*? Si el hombre hace algo ¿por qué dice: *Dios obra todo en todos?* De estos textos, si uno retuerce uno de ellos en su beneficio, nada hace el hombre, y si uno lleva otro a su causa, todo lo hace el hombre. ¿Qué pasa si el hombre no hace nada? Pues que no hay lugar para los méritos. Donde no hay lugar para los méritos no lo hay tampoco para los castigos y los premios. Si todo lo hace el hombre, no hay lugar para la gracia, que tantas veces menciona Pablo dándole mucha importancia. No pugna consigo mismo el Espíritu Santo, de cuya inspiración han salido los textos canónicos. Una y otra parte abraza y reconoce la majestad inviolable de la Escritura. Pero hay que buscar una interpretación que solucione el problema. Los que abolen el libre albedrío interpretan así: *Extiende la mano a lo que quieras,* es decir, la gracia extenderá tu mano a lo que ella quiera. *Haceos un corazón nuevo*, es decir, la gracia de Dios hace en vosotros un corazón nuevo. *Todo el que tiene esta esperanza en Él se santificará.* Es decir, la gracia lo santifica. *Y rechacemos las obras de las tinieblas.* Es decir, la gracia rechace las obras de las tinieblas. Cuántas veces se cantan en las divinas letras estas cosas: *Hizo justicia, obró la iniquidad* (Ez 168, 26), y es para que entendamos esto: Dios hizo y obro en el hombre la justicia y la iniquidad. Ahora bien, si trajéramos aquí la interpretación de los antiguos ortodoxos y también de los concilios, enseguida se me responderá: eran hombres. Pero, ante una interpretación tan violenta y torcida, ¿no me será lícito decir: Lutero es hombre? Ciertamente, si a ellos les es permitido interpretar las Escrituras acomodadas a su causa, suya es la victoria, y a nosotros no se nos permitirá seguir la interpretación de los antiguos padres ni presentar la nuestra. Y estas palabras de la Escritura son tan claras como para no necesitar intérprete: *Extiende la mano a lo que quieres.* Es decir, la gracia extenderá tu mano a lo que ella quiera; lo que doctores muy experimentados han interpretado que será un sueño, pues no diré lo que otros no callaron, que es inspiración de Satanás. Sin embargo, estos pasajes que parecen pugnar entre sí fácilmente se ponen de acuerdo si unimos el esfuerzo de nuestra voluntad al auxilio de la divina gracia. En la comparación del alfarero y el hacha, nos urgen obstinadamente a entender las palabras literalmente porque así las acomodan a su causa; aquí, sin embargo, se apartan sin vergüenza alguna de las palabras de la divina Escritura y las interpretan, sin duda, con tan poca prudencia como si uno dijera que Pedro lo escribió y otro lo interpretó: no escribe él mismo sino que otro escribe en su casa.

III b 1. Examinemos ahora qué fuerza tienen los argumentos que aduce Martín Lutero para destruir el poder del libre albedrío. En efecto, aduce el pasaje del Génesis (6, 3): *No permanecerá mi espíritu en el hombre por toda la eternidad puesto que es carne.* En este texto, la Escritura no toma la carne en el simple sentido de un afecto impío, como a veces lo toma Pablo cuando manda mortificar las obras de la carne, sino por la debilidad de la naturaleza proclive a pecar, como cuando llama carnales a los corintios porque todavía no eran capaces de una doctrina sólida, como niños en Cristo. Por su parte, Jerónimo en las *Cuestiones hebraicas* indica que los hebreos leen otra cosa distinta a lo que nosotros leemos este pasaje; según él, estas palabras suenan, no a severidad de Dios, sino a clemencia, pues llama carnal a nuestra baja condición proclive al mal; al espíritu, en cambio, lo llama indignación. Niega ciertamente que quiera conservarlos para los eternos suplicios: lo que quiere es infligirles misericordiosamente sus castigos. Y, sin embargo, estas palabras no se refieren a todo el género humano, sino sólo a los hombres más corruptos por sus vicios nefandos; por eso dice: *en esos hombres.* Y ni siquiera se refería a todos los hombres de aquella edad, puesto que alaba a Noé, varón justo y grato a Dios.

III b 2. Del mismo modo puede resolverse lo que se dice en el mismo libro: *Pues el sentido y el pensamiento del corazón humano están inclinados al mal desde su adolescencia* (8, 21). Y también: *Todo pensamiento del corazón tiende al mal en todo tiempo* (6, 5). La proclividad al mal que hay en los hombres no les quita la libertad de albedrío, aunque no puede ser vencida totalmente sin el auxilio de la gracia divina. Porque si el arrepentimiento no dependiera del libre albedrío, sino que todo, por cierta necesidad, fuese hecho por Dios, ¿para qué, entonces, se ha dado al hombre un tiempo de penitencia? *Y sus días serán ciento veinte años.* Pues Jerónimo, en la misma obra, afirma que este texto se refiere no a un periodo de la vida humana sino al tiempo del diluvio, que fue concedido a los hombres para, si querían, se arrepintiesen; de no ser así, merecerían la venganza divina los que hubiesen rechazado Su misericordia.

III b 3. Finalmente, el texto que aduce de Isaías: *Ha recibido de la mano del Señor lo correspondiente por todos sus pecados* (40, 2), Jerónimo lo refiere a la divina venganza, no a la gracia otorgada para compensar las malas obras. Pues, aunque Pablo dice: *Donde abundó el pecado sobreabundó también la gracia* (Ro 5, 20), no se sigue de ello que el hombre no pueda –haciéndose grato antes de la gracia, ayudado por el auxilio de Dios, por obras moralmente buenas– prepararse al favor divino, como leemos del centurión Cornelio aun cuando no estaba bautizado ni inspirado por el Espíritu Santo: *Tus oraciones y limosnas ascendieron a la memoria de Dios* (Hch 10, 4). Si todas las obras que se hacen antes de aquella suma gracia son malas, ¿acaso nos alcanzan el favor de Dios?

III b 4. Ahora bien, el texto que aduce de Isaías en el mismo capítulo: *Toda carne es heno y toda gloria como flor de heno. Se secó el heno y su flor murió porque el espíritu del Señor insufló en él, pero la palabra del Señor permanece para toda la eternidad,*[1] me parece que se lleva con demasiada premura el sentido hacia la gracia y el libre albedrío. Ciertamente en este pasaje Jerónimo toma el espíritu por indignación divina y la carne por la débil condición del hombre, que no vale nada cuando se opone a Dios; las flores, por la gloria que nace de la felicidad de las cosas corporales. Los judíos se gloriaban por el templo, por el prepucio, por las víctimas; los griegos, por su sabiduría; sin embargo, revelada desde el cielo por el Evangelio la ira de Dios, toda gloria fue secada. Aun así, no todo afecto del hombre es carne, sino que es lo que se llama alma, es lo que se llama espíritu, por el cual nos esforzamos hacia lo bueno, y esta parte del ánimo la llaman razón o *hegemonicon* (en griego), es decir, principal, a no ser que quizá entre los filósofos no hubiera ninguno que se esforzara hacia lo honesto; y enseñaron miles de veces que hay que desear la muerte antes que admitir lo vergonzoso, aunque conociéramos el futuro, y que lo ignorarían los hombres y Dios lo perdonaría; aunque muchas veces la razón corrompida juzga mal. *No sabéis,* dice el Señor, *de qué espíritu sois* (Lc 9, 55). Erróneamente buscaban la venganza por las oraciones de Elías por las

---

[1] De hecho, la cita pertenece a I P 1, 24-25 (*N. del Ed.*).

que bajó el fuego del cielo que abrasó al jefe y a los cincuenta hombres de su comitiva, como se lee en 2 Reyes (4, 12). Ahora bien, Pablo declara en la epístola a los Romanos que hay también en los buenos un espíritu humano distinto del espíritu de Dios: *Pues el mismo Espíritu da testimonio a nuestro espíritu porque somos hijos de Dios* (8, 16). Y si alguno pretendiera que lo más importante en la naturaleza del hombre no es más que la carne, esto es, el afecto impío, fácilmente daría mi asentimiento a esto, si lo que afirma lo enseña con testimonios de la Sagrada Escritura. *Lo que es nacido de la carne es carne y lo que es nacido del espíritu, espíritu es* (Jn 3, 6). Finalmente Juan enseña que aquellos que creen en el Evangelio nacen de Dios y son hechos hijos de Dios y, por lo tanto, dioses. Pablo distingue el hombre carnal, que no gusta las cosas de Dios, del espiritual, que discierne todas las cosas. De nuevo, por otra parte, lo llama nueva criatura en Cristo. Si el hombre, incluso renacido por la fe, no es más que carne, ¿dónde está el espíritu nacido del espíritu, dónde el hijo de Dios, dónde la nueva creatura? Sobre estas cosas desearía ser instruido. Entretanto, me valdré abundantemente de la autoridad de los antiguos padres que transmiten ciertas semillas de lo honesto sembradas en las mentes de los hombres por las cuales de algún modo ven y buscan las cosas honestas, aunque mezcladas con afectos más groseros que nos solicitan hacia cosas diversas. Finalmente, la voluntad versátil hacia esto o lo otro se llama arbitrio, y esta voluntad, aunque por la proclividad que queda en nosotros al pecado quizá es más propensa al mal que al bien, sin embargo nadie está obligado al mal si él no consiente.

III b 5. De nuevo el texto que cita de Jeremías: *Sé, Señor, que no está en mano del hombre su camino ni es del varón andar y dirigir sus pasos* (10, 27) se refiere más a los sucesos de cosas alegres o tristes que a la potestad del libre albedrío, pues frecuentemente cuando más precavidos se muestran los hombres para no caer en el mal, más desenvueltos lo son en incurrir en él. No por eso se pierde la libertad de la voluntad de querer para aquellos que padecen, porque no previeron el mal venidero, o bien para quienes hacen el mal porque no afligen a los enemigos con el mismo ánimo con el que Dios hace esto por ellos, sin duda para castigarlos. Y si lo interpretamos como referente al libre albedrío, nadie negará que sin la gracia de Dios nadie puede mantenerse en el camino recto de la vida; por ello todos los días oramos con estas palabras: *Dirige, Señor Dios mi camino bajo tu mirada* (Pr 3, 5), aunque no por ello dejamos de esforzarnos según nuestras fuerzas. Oramos también: *Inclina, oh Dios, mi corazón a tus testimonios* (Sal 119, 36). El que pide auxilio no depone su intento.

III b 6. Asimismo: *Es del hombre preparar su corazón, pero del Señor es gobernar su lengua* (Pr 16, 1). Esto se refiere a los sucesos que pueden acaecer o no, sin menoscabo de la salvación eterna. Ahora bien, ¿cómo está en mano del hombre preparar su corazón, si Lutero afirma que todo se hace por necesidad? Y lo mismo un poco después: *Descubre al Señor tus obras y se realizarán tus pensamientos* (Pr 16, 3). Escuchas "tus obras", escuchas "tus pensamientos", de los que ni una cosa ni otra puede decirse si Dios obra todo en nosotros, tanto lo bueno como lo malo. *El principio de una vida buena es la misericordia y la verdad,* etc. (Pr 3, 3). Y otros muchos textos se encuentran allí a favor de aquellos que defienden el libre albedrío. Pero él cita, del mismo capítulo: *Todo lo obra Dios por sí mismo, incluso lo impío para el día funesto* (Pr 16, 4). Ahora bien, Dios no creó ninguna naturaleza mala en sí misma, al contrario, atempera todas las cosas con su inefable sabiduría, de manera que incluso el mal lo convierte en bien para nosotros y para su gloria. Pues ni a Lucifer lo creó malo, sino que por su mala voluntad lo reservó para los suplicios eternos y por medio de su malicia aguijonea a los piadosos y castiga a los impíos.

III b 7. Y no me urge mucho más lo que cita: *Como la división de las aguas así el corazón del Rey en manos del Señor, hacia donde quisiere lo inclinará* (Pr 21, 1). No obliga enseguida el que inclina, y, sin embargo, nadie niega, como he dicho, que Dios puede hacer fuerza al pensamiento del hombre, arrancarle lo que quería y conferirle otra voluntad, más aún: puede privarle de la misma mente. Y no obstante, por regla general permanece en nosotros el libre albedrío. Y si Salomón piensa en esto lo que interpreta Lutero, es decir, que todos los corazones están en manos del Señor, ¿por qué dice algo como peculiar acerca del corazón del Rey? Este pasaje concuerda más con aquel que leemos en Job: *El que hace reinar al hombre hipócrita por los pecados del pueblo* (Job 34, 30). Y en Isaías se dice: *Y haré niños a sus príncipes y los afeminados dominarán sobre ellos* (3, 4). Cuando Dios se muestra propicio con su pueblo, inclina el ánimo del Rey hacia lo bueno, no lleva a la voluntad de este a la necesidad. Por lo demás, se dice que inclina al mal cuando, ofendido por los pecados del pueblo, no cambia el ánimo del necio príncipe, propenso a las rapiñas, a las guerras y a la tiranía, sino que le deja que obre precipitándose por sus pasiones, con lo cual castiga al pueblo por la malicia del príncipe. Y si alguna vez sucediere que Dios impulsara a la malicia al Rey, que así se lo había merecido, no hay ninguna necesidad de traer este particular caso a la opinión general. Un ingente acervo de testimonios de esta clase, de los que Lutero aduce tomados de los Proverbios, puede recogerse de todas partes, pero aportarían más a la abundancia que a la victoria. Los retóricos suelen aportar a la discusión tal género de argumentos, pues hay tantísimos de esta clase, que dándoles una interpretación acomodada pueden estar a favor del libre albedrío o bien pugnar contra él.

III b 8. Lutero piensa que es como un dardo de Aquiles y decisivo aquello que dice Cristo en el Evangelio de Juan: *Sin mí nada podéis hacer* (15, 5). Pero, en mi opinión, se puede responder a esto de varias maneras. En primer lugar, se dice vulgarmente que no hace nada aquel que no consigue lo que desea y, sin embargo, frecuentemente el que lo intenta logra avanzar algo. En este sentido, es muy cierto que no podemos hacer nada sin Cristo, pues se habla allí del fruto evangélico, que no se da sino a los que permanecen unidos a la vid, que es Cristo Jesús. Esta metáfora la emplea Pablo: *Así pues, ni el que planta ni el que riega es nada, sino Dios que da el crecimiento* (1 Co 3, 7). Dice que es nada lo que es de poca importancia e inútil por sí mismo. Lo mismo dice en la epístola primera a los Corintios: *Si no tuviere caridad nada soy.* (1 Co 13, 1). Y luego: *nada me aprovecha.* De nuevo, a los Romanos: *Llama a las cosas que no son como si fuesen* (4, 17). Igualmente según Oseas: llama "no pueblo" al pueblo despreciado y repudiado (Ro 9, 25). Con semejante figura se dice en los Salmos: *Yo soy gusano y no hombre* (22, 6), donde, por otra parte, si alguno insiste en esta palabra, "nada", no será posible siquiera pecar sin Cristo (pues opino que aquí Cristo quiere decir su gracia), a no ser que se escuden en aquello ya rechazado: que el pecado sea nada. Y esto es verdad en cierto sentido, por cuanto ni somos ni vivimos ni nos movemos sin Cristo. Sin embargo, esos mismos conceden a veces que el libre albedrío sin la gracia se basta para pecar. El mismo Lutero concedería esto al comienzo de su *Assertio.*

III c 1. Del mismo modo, es pertinente lo que dice Juan: *No puede el hombre recibir cualquier cosa si no le es dado del cielo* (3, 27), y no se sigue de ello que no haya ninguna fuerza o uso del libre albedrío. Y si este fuego calienta, viene del cielo; que nosotros, de acuerdo al sentido de la naturaleza, deseamos las cosas útiles y rechazamos las nocivas es cosa del cielo; que después de una caída, nuestra voluntad sea impulsada a mejores deseos, es cosa del cielo; que por medio de lágrimas, limosnas y oraciones consigamos la gracia que nos hace de nuevo gratos a Dios, nos viene del cielo. Y entretanto, no es que nada haga nuestra voluntad, aunque no ha de conseguir lo que intenta sin la ayuda de la gracia. Pero, puesto que lo que nosotros hacemos es lo mínimo, se le atribuye todo a Dios, como el marinero que conduce el barco hasta el puerto a salvo de una peligrosa tempestad, no dice: he salvado la nave, sino: Dios la ha salvado y, sin embargo, su habilidad y pericia no fueron inútiles. De semejante manera, el agricultor, al llevar de los campos la abundante cosecha a su hórreo, no dice: yo he dado tan abundante cosecha, sino Dios la ha dado. Y, no obstante, ¿alguien dirá que el agricultor no hizo nada para la añada de frutos? Así también la gente dice: Dios te ha dado unos hijos hermosos, aun cuando para engendrarlos no faltara la acción del padre; y también: Dios me ha devuelto la salud, aun cuando algo ayudaría también el médico; lo mismo que decimos: el rey ha vencido al enemigo, cuando los generales y soldados hubieran prestado un buen servicio. Nada viene sin la lluvia del cielo y sin embargo la tierra buena produce frutos, la tierra mala no. Ahora bien, así como la acción humana no consigue nada si no se le añade el favor divino, todo se le atribuye al beneficio divino. *Si Dios no edifica la casa en vano trabajan los que la edifican. Si Dios no guardare la ciudad en vano vigila el que la custodia* (Sal 127, 1). Sin embargo, mientras edifican no cesa el cuidado de los albañiles al edificar, ni mientras custodian la ciudad cesa la vigilancia de los centinelas.

III c 2. Ahora bien: *No sois vosotros los que habláis sino que es vuestro Padre el que habla en vosotros* (Mt 10, 20), a primera vista parece privarnos del libre albedrío, pero en realidad nos quita la solicitud angustiosa de meditar antes lo que hemos de decir en la predicación de Cristo; de lo contrario, pecarían los predicadores que se preparasen con cuidado para la reunión de la comunidad. Y no deben esperar esto todos, aunque a los rudos discípulos el Espíritu a veces les inspira lo que tienen que decir, lo mismo que les infunde el don de lenguas. Y aunque a veces les inspira, sin embargo, al hablar su voluntad consentía al soplo del Espíritu y actuaba simultáneamente con el agente. Pero esto ciertamente pertenece al libre albedrío, a no ser que aceptemos que Dios habla por boca de los Apóstoles como Balán habló por boca de su burra.

III c 3. Pero más nos urge el pasaje de Juan: *Nadie puede venir a mí a no ser que mi Padre lo atrajera* (6, 44). La palabra "atraer" parece sonar a necesidad que excluye la voluntad libre. Pero aquí la atracción no es violenta, sino que hace lo que quiere aunque pudiera no querer hacerlo. Ocurre como cuando mostramos a un niño una manzana y viene corriendo, mostramos a una oveja un ramo de sauce verdeante y nos sigue: así Dios impulsa nuestro ánimo con su gracia y luego aceptamos voluntariamente. Del mismo modo, ha de entenderse lo que se nos dice en el mismo Evangelio: *Nadie viene al Padre sino no por mí* (14, 6). Como el Padre glorifica al Hijo y el Hijo al Padre, así también el Padre atrae hacia el Hijo y el Hijo atrae hacia el Padre: pero somos atraídos de tal modo que si queremos enseguida corramos. Así lo leemos en el Cantar de los cantares: *Llévame detrás de ti, corramos,* etc. (1, 4).

III c 4. Pueden citarse también algunos pasajes de las epístolas paulinas que parecen subvertir toda la fuerza del libre albedrío; de esta clase es el pasaje de la segunda a los Corintios: *No que seamos suficientes para pensar algo por nosotros mismos como cosa nuestra, sino que toda nuestra suficiencia nos viene de Dios* (2 Co 3, 5). Ahora bien, aquí el libre albedrío puede ser entendido de dos maneras. Pues en primer lugar algunos padres ortodoxos ponen tres grados de la acción humana; el primero es pensar, el segundo querer y el tercero obrar. En el primero y en el tercero ciertamente no dan ningún lugar para hacer algo al libre albedrío. Pues el ánimo es impelido por la sola gracia para que piense el bien y es la sola gracia la que lo realiza, lleva a la acción lo que había pensado. Por otra parte en el medio está el consenso de que obran simultáneamente la gracia y la voluntad humana, pero de tal manera que la causa principal sea la gracia y menos importante nuestra voluntad. Pero porque la totalidad de una cosa se atribuye a aquel que aporta todo para hacerlo, no tiene por qué el hombre atribuirse sí mismo algo de la buena obra, puesto que el que pueda consentir y cooperar a la gracia divina es un don de Dios. Aparte, esta preposición "ex" suena a origen y fuente, y lo que Pablo dice allí claramente "por nosotros" como desde nosotros (en griego). Esto habría podido decirse incluso por aquel que diera al hombre el querer el bien eficazmente por mor de la naturaleza, pues no obtiene la fuerza por sí mismo.

III c 5. Pues ¿quién niega que todo bien procede de Dios como de una fuente? Y esto lo repite Pablo frecuentemente para quitarnos la arrogancia o la excesiva confianza en nosotros mismos, como cuando dice: *¿Qué tienes que no hayas recibido? Y si lo has recibido, ¿por qué te glorías como si no lo hubieras recibido?* (1 Co 4, 7). Oyes la gloria que resuena en esta frase. Lo mismo hubiese oído el siervo que enumera a su señor las ganancias conseguidas por la usura, cuando quiere reivindicar para sí la alabanza de su actuación oportuna: *¿Qué tienes que no hayas recibido?* Y, sin embargo, por la acción diligente y valiente es alabado por su señor. La misma canción canta Santiago: *Todo lo dado es lo mejor y todo don perfecto desciende de lo alto* (1, 17). Lo mismo dice Pablo en la epístola a los Efesios: *El que obra todas las cosas según el parecer de su voluntad* (1, 11). A esto se refieren estas palabras para que no nos arroguemos nada sino que todo lo refiramos como recibida de la gracia divina, que cuando estábamos perdidos nos llamó, que nos purificó por medio de la fe, que nos confirió este mismo don para que nuestra voluntad pudiese ser *sinergos* (en griego), cooperante de su gracia, aunque esta por sí sola sea suficientemente abundante para todo y no tenga necesidad de ninguna ayuda de la voluntad humana.

III c 6. Por lo demás, lo que se dice en la epístola a los Filipenses: *Pues Dios obra en nosotros el querer y llevar a cabo la obra por medio de la buena voluntad* (2, 13) no excluye el libre albedrío, pues *por la buena voluntad,* si la refieres al hombre como interpreta Ambrosio, entenderemos que la buena voluntad obra a la vez que la gracia agente. Y poco antes dice: *Con miedo y temblor obrad vuestra salvación* (2, 12). De donde deduces que Dios opera en nosotros y nuestra voluntad y solicitud es admitida a la vez con Dios. Para que nadie piense que esta interpretación es rechazable, precede, como se ha dicho, a este pasaje: *Obrad la salvación de vosotros mismos* (Ef 2, 8), que significa obrar más verdaderamente que la palabra que se atribuye a la acción de Dios; pues *enrgein* (en griego) significa propiamente que hace e impulsa. Pero, comoquiera que tienen el mismo valor *ergasceozay kay energein* (en griego), este pasaje enseña que operan el hombre y Dios.

III c 7. Pero, ¿qué obra el hombre si nuestra voluntad es para Dios lo mismo que la arcilla para el alfarero? *No sois vosotros los que habláis sino que es el Espíritu de vuestro Padre el que habla en vosotros* (Mt 10, 20). Esto se lo dijo a los Apóstoles. Y, sin embargo, en los Hechos se lee que Pedro habló diciendo: *Entonces Pedro lleno del Espíritu les dijo* (4, 8). ¿Cómo se podrán compaginar estas cosas contrarias entre sí: *tu no hablas, es el Espíritu el que habla* y *Pedro habló lleno de Espíritu*, si no es que el Espíritu habla en los Apóstoles de manera que ellos mismos hablen a la vez obedeciendo al Espíritu y, sin embargo, también que ellos no hablan, no porque no hagan nada sino porque no son los autores principales de la alocución? Lo mismo leemos en Esteban: *Y no podían resistir a la sabiduría y el Espíritu, que hablaban* (Hch 6, 10) y, sin embargo, él habla ante la asamblea, Asimismo, Pablo dice: *Pero ya no vivo yo, es Cristo quien vive en mí* (Gl, 2, 20). Y sin embargo, según él, el justo vive de la fe. Por consiguiente, ¿cómo no vive el que vive? Porque hace aceptable al Espíritu de Dios lo que vive. Y en la primera a los Corintios: *Pero no yo sino la gracia de Dios que está conmigo* (15, 10). Si nada hubiera hecho Pablo, ¿por qué antes dijo que había hecho? *Pero trabajé,* dice, *mucho más para todos ellos.* Si era verdad lo que había dicho, ¿por qué aquí corrige lo que había dicho como por error? Sin duda aquí se esperaba una corrección, no para que se entendiese que no hacía nada, sino para que no se le atribuyera a sus fuerzas lo que había hecho con el auxilio de la gracia divina. Por lo tanto, esta corrección excluye toda sospecha de insolencia, no la obra hecha en común.

III c 8. Pues Dios no quiere que el hombre se atribuya algo incluso si fuera algo que se lo pudiera atribuir con mérito: *Cuando hubiereis hecho todo lo que se os ha mandado, decid: siervos inútiles somos, lo que debíamos hacer lo hemos hecho* (Lc 17, 10). ¿O acaso no hace una cosa importante el que cumple todos los preceptos de Dios? No sé en absoluto si se puede encontrar un hombre tal. Y, sin embargo, a los que cumplieren con esto se les manda que digan: *Siervos inútiles somos.* No se niega que lo hicieran, pero se les enseña a evitar la peligrosa arrogancia. Una cosa dice el hombre, otra cosa dice Dios. El hombre dice: siervo soy, y siervo inútil. ¿Qué dice el Señor? *¡Levanta, siervo bueno y fiel!*[2] y *Ya no os llamaré siervos sino amigos* (Jn 15, 15), en lugar de siervos los llama hermanos. Y a los que se llaman siervos a sí mismos, Dios los llama hijos suyos, y estos mismos que ahora se proclaman siervos inútiles escuchan del Señor: *Venid, benditos de mi Padre* (Mt 25, 34) y escuchan que se recuerdan sus obras buenas que ellos no sabían que habían hecho.

III c 9. Pero pienso que la clave principal para entender la Escritura divina es que busquemos qué es lo que en ese determinado pasaje se trata; determinado esto, conviene extraer de las parábolas o ejemplos lo que se refiere al tema propuesto. En la parábola del administrador que había de ser removido de su cargo, porque altera de manera fraudulenta las cuentas de los deudores de su señor, ¿cuántas cosas hay que nada tienen que ver con el sentido de la parábola? Solamente debe extraerse de ella esto: que cada uno debe intentar con gran cuidado repartir generosamente los abundantes dones recibidos de Dios para ayudar a sus prójimos antes de que le sobrevenga la muerte. Lo mismo ocurre en la parábola a la que antes nos hemos referido:

¿Quién de vosotros teniendo un siervo que ara o apacienta los bueyes, al que al regresar del campo le diga: pasa y siéntate a la mesa, y no le dice: prepárame la cena y cíñete y sírveme mientras como y bebo y después comerás tú y beberás? ¿Acaso tiene que agradecer al siervo porque ha hecho lo que le había mandado? Pienso que no. (Lc 17, 7-10)

El sentido de esta parábola es que aquellos que obedecen los mandatos divinos cumplen fielmente con su deber y que no por eso han de exigir ninguna alabanza. Por otra parte, el Señor mismo está en desacuerdo con esta parábola al ponerse de parte del servidor y conceder a sus discípulos el honor de los que se sientan a la mesa. Y les dio las gracias cuando les dijo: *Levántate, siervo bueno.* O dice: *Venid, benditos.* Así pues, no añade: así también vosotros, cuando hayáis hecho todo el Señor no os juzgará dignos

---

[2] La cita exacta del pasaje evangélico es: "¡Bien, siervo bueno y fiel!; en lo poco has sido fiel, al frente de lo mucho te pondré; entra en el gozo de tu señor" (Mt 25,13). *N. del Ed.*

de ninguna gracia y os tendrá por siervos inútiles sino que dice: *Vosotros decid: siervos inútiles somos.* Así Pablo, que trabaja más que nadie, se llama el más pequeño de los apóstoles e indigno del nombre de apóstol.

III c 10. De semejante manera en Mateo dice: *¿Acaso no se venden dos pájaros por un as? Y uno de ellos no cae a tierra sin el permiso de vuestro Padre* (10, 29). En primer lugar, hay que ver qué hace el Señor aquí; pues no quiso enseñar, como dicen, la necesidad "diomédea" de todas las cosas, sino que este ejemplo pretende librar a los discípulos del miedo de los hombres, para que entiendan que ellos están al cuidado de Dios y que no pueden ser dañados por los hombres sin su permiso: Él no lo permitiría, a no ser que sea conveniente para ellos y para el evangelio. Por otra parte, dice Pablo en la primera a los Corintios: *¿Acaso cuida Dios a los bueyes?* (9, 9). Parece que aquí subyace una hipérbole, como también en este pasaje del evangelista: *Pues todos los cabellos de vuestra cabeza están contados* (Mt, 3, 30). Tantos cabellos que caen a tierra todos los días, ¿estos también son tenidos en cuenta? ¿Para qué, pues, valía la hipérbole? Sin duda, para lo que sigue: *No temáis.* Por consiguiente, como con estos tropos se quita el miedo humano y se confirma la confianza en Dios, sin cuya providencia nada se hace en absoluto, así también las figuras que arriba hemos reseñado no quitan el libre albedrío sino que nos alejan de la arrogancia que odia el Señor. Es más seguro atribuir todo al Señor; Él es benigno y no sólo nos devolverá lo que es nuestro sino también mandará que lo que es suyo sea nuestro.

III c 11. ¿Y cómo puede decirse que el hijo pródigo derrochó su parte de la hacienda, si no tuvo en su mano ninguna parte? Lo que tenía lo había recibido de su padre. Y nosotros afirmamos que todos los dones de la naturaleza son dones de Dios. Tenía su parte, aun cuando estuviera en manos de su padre, y la tenía con más seguridad. Por consiguiente, ¿qué significa, una vez pedida su parte, alejarse del padre? Sin duda, arrogarte los dones de la naturaleza y no aplicarlos al cumplimiento de los preceptos de Dios sino a satisfacer las concupiscencias de la carne. ¿Qué es el hambre? Es la aflicción con que Dios estimula la mente del pecador para que se conozca y se odie a sí mismo y sea tocado por el deseo de volver a su padre, al que ha abandonado. ¿Qué significa el hijo que habla consigo mismo, y que medita su confesión y retorno? Es la voluntad del hombre volviéndose a la gracia que le estimula, la cual, como dijimos, llaman "preveniente". ¿Qué significa el padre corriendo hacia el hijo? Es la gracia de Dios que guía nuestra voluntad para que hagamos lo que queremos. Esa interpretación, si fuese mi comentario, ciertamente sería más probable que la de esos que, para convencer de que la voluntad del hombre no hace nada, interpretan *tiende la mano a lo que quieras* por: la gracia extiende tu mano a lo que ella quiere. Ahora bien, dado que ha sido trasmitida por los Padres ortodoxos, no veo por qué tiene que despreciarse. Del mismo modo se refiere a la pobrecilla viuda que echó dos óbolos, es decir, todo lo que tenía, en el tesoro del templo.[3]

III c 12. Pregunto: ¿qué méritos puede arrogarse el hombre si cualquier cosa que puede hacer con el entendimiento natural y la libertad de la voluntad, todo se lo debe a aquel de quien ha recibido esas fuerzas? Y, sin embargo, Dios nos atribuye por nuestros méritos que no apartemos nuestro ánimo de su gracia, que apliquemos las fuerzas de la naturaleza a la simple obediencia. Esto, ciertamente, tiene tanto el valor de que no sea falso que el hombre hace algo y, sin embargo, la totalidad de lo que hace se atribuye a Dios, como autor, de donde se deduce que el hombre puede unir su intento a la gracia de Dios. Así lo dice Pablo: *Por la gracia de Dios soy lo que soy* (1Co 15, 10). reconoce al autor. Pero cuando escuchas: *Su gracia no fue vana en mí*, reconoces que se ha de admitir a la vez la voluntad humana con el auxilio divino. Lo mismo indica al decir: *No yo sino la gracia de Dios que está en mí*. Y aquel hebreo predicador de la sabiduría desea que la sabiduría divina lo asista, *que esté y obre con él*. Lo asiste como moderadora y ayuda, como el arquitecto asiste al trabajador, le manda lo que tiene que hacer, le muestra cuáles son las razones de su obrar, si algo ha hecho mal lo corrige, si le falta algo se lo da; se atribuye la obra al arquitecto, sin cuyo apoyo nada podría haberse hecho; y, sin embargo, nadie ha dicho que el trabajador y discípulo no haya hecho nada. Lo que el arquitecto es para el discípulo es lo que la gracia es para nuestra voluntad. Así lo dice Pablo en la epístola a los Romanos: *De semejante modo también el Espíritu ayuda a nuestra debilidad* (8, 26). Nadie llama débil al que no puede hacer nada, sino al que no tiene fuerzas suficientes

---

[3] Lc 1, 1-4 (*N. del Ed.*)

para llevar a cabo lo que intenta; ni tampoco se llama ayudante al que lo hace todo él solo. Toda la Escritura brinda ayuda, apoyo, auxilio, socorro. Pero, ¿de quién se dice que ayuda, sino del que hace algo? En efecto, ni el alfarero ayuda al barro para hacerse una vasija, ni el carpintero al hacha para hacer un escaño.

III c 13. Así pues, a los que concluyen que nada puede el hombre si no le auxilia la gracia de Dios, y que por ello el hombre no hace ninguna obra buena, le oponemos una serie de argumentos que estimo más plausibles: el hombre lo puede todo con el auxilio de la gracia de Dios, luego todas las obras del hombre pueden ser buenas. Por consiguiente, cuantos pasajes hay en las divinas Escrituras que recuerdan el auxilio divino, otros tantos son los que admiten el libre albedrío, y son innumerables. Así pues, habré vencido si se juzga el tema por el número de testimonios.

IV 1. Hasta ahora hemos reunido textos de los libros divinos que admiten el libre albedrío y, al contrario, otros que parecen eliminarlo por completo. Pero comoquiera que el Espíritu Santo, bajo cuya autoría los hemos presentado, no puede contradecirse, estamos obligados, queramos o no, a matizar nuestra opinión. Por lo demás, que de la misma Escritura unos saquen una opinión y otros otra, es debido a que cada uno mira un aspecto y cada cual ha interpretado para su objetivo lo que leía. Los que reflexionaban consigo mismos cuánta fuese la necedad en la búsqueda de la piedad, después también cuán mala la desesperación de la salvación mientras desean curarse de esos males, incautos cayeron en otro mal y atribuyeron demasiado al libre albedrío del hombre. Otros piensan cuánta sea la peste de la verdadera piedad de los hombres, el confiar en sus fuerzas y méritos, cuán intolerable la arrogancia de algunos que se jactan de sus buenas acciones y se las venden a otros a peso, como se vende el aceite y el jabón, mientras evitan este mal con gran cuidado o dejaron a la mitad el libre albedrío, como si no contribuyese en absoluto en la buena obra, o bien lo sofocaron totalmente introduciendo la absoluta necesidad de todas las cosas.

IV 2. Sin duda a esos les ha parecido muy adecuado para la sencilla obediencia de la mente cristiana que todo hombre dependa de una indicación de Dios, que ponga toda su esperanza y confianza en aquellas promesas y reconozca qué miserable es por sí mismo, admire y ame su inmensa misericordia, que en tanta abundancia se nos da gratuitamente, se someta por entero a su voluntad, no se arrogue ninguna alabanza por sus buenas acciones, bien sea que quiera salvarlo o quiera perderlo, sino que toda su gloria la atribuya a su gracia, pensando que el hombre no es otra cosa que un órgano vivo del Espíritu divino que él purificó y consagró por la gratuita bondad que modera y atempera su inescrutable sabiduría, que nada se atribuya nadie a sus fuerzas y, sin embargo, espere con segura confianza el premio de la vida eterna, no porque la haya merecido por sus buenas acciones sino porque por su bondad le pareció prometerla a los que confían en Él. Al hombre corresponde rogar asiduamente a Dios que infunda y que aumente su Espíritu en nosotros, dar gracias si por nuestra parte hemos hecho algo bueno, adorar su potencia en todas las cosas, admirar por doquier su sabiduría, amar su bondad. Estas palabras son también para mí muy plausibles, y además congruentes con las Escrituras divinas: responden a la profesión de aquellos que, muertos al mundo por el bautismo, son a la vez sepultados con Cristo para que, una vez mortificada la carne, en adelante vivan y se conformen al Espíritu de Jesús, en cuyo cuerpo han sido injertados por la fe. Sin duda es piadosa y favorable la opinión, que nos quita toda arrogancia, que pone en Cristo toda la gloria y a la vez la confianza que nos libera del miedo de los hombres y de los demonios y, desconfiados de nuestras fuerzas, nos hace fuertes y animosos en Dios. A estos les aplaudimos con agrado y sin mesura.

IV 3. Pues cuando oigo decir que el hombre no tiene ningún mérito, de tal manera que todas las obras, aunque sean de hombres piadosos, son pecado; cuando oigo que nuestra voluntad no hace más que la arcilla en manos del alfarero, cuando oigo que todo lo que hacemos o queremos es por absoluta necesidad, mi ánimo es asaltado por muchas inquietudes. En primer lugar: ¿cómo leemos tantas veces que los santos, llenos de buenas obras, hicieron justicia, anduvieron con rectitud ante Dios, sin desviarse hacia la derecha ni hacia la izquierda, si hacen algo aunque sea muy piadoso, sería pecado, a no ser que venga en su auxilio la misericordia divina, hundiría en el tártaro a aquel por quien murió Cristo? ¿Cómo oímos tantas veces hablar del premio donde no hay en absoluto ningún mérito? ¿Con qué cara se alaba la obediencia de aquellos que obedecen los mandatos divinos y se condena la desobediencia de los que no los obedecen? ¿Por qué se hace mención del juicio en las sagradas letras si no hay en absoluto ninguna expresión de los méritos? ¿O por qué se nos obliga a presentarnos ante el tribunal del juez, si nada hemos hecho por nuestro albedrío, sino todo por mera necesidad? Llama la atención también aquel pensamiento: ¿hacia dónde va esta obra con tantos consejos, con tantos preceptos, con tantas amenazas, con tantas exhortaciones, con tantas peticiones, si nosotros no hacemos nada, sino que es Dios el que lo hace todo en nosotros por su inmutable voluntad, y el querer y el llevarlo a cabo? Quiere que nosotros roguemos constantemente, quiere que vigilemos, que luchemos, que peleemos por el premio de la vida eterna. ¿Por qué quiere que se pida constantemente lo que Él ya ha determinado darlo o no darlo, y no se pueden cambiar sus decretos porque Él mismo es inmutable? ¿Por qué nos manda que pretendamos con tantos trabajos lo que Él ya tiene decretado darnos gratuitamente? Nos afligimos, somos rechazados, somos torturados, se nos da muerte: así pelea en nosotros la gracia de Dios, así vence, así triunfa. El mártir soporta tantos padecimientos atroces y, sin embargo, ningún mérito se le atribuye, es más, se dice que peca al exponer su cuerpo a los tormentos con la esperanza de la vida celestial. Pero, ¿por qué el Dios misericordiosísimo quiso obrar de esa manera en los mártires? Pues un hombre sería considerado cruel si lo que determinó dar gratuitamente a un amigo no se lo da a menos que sea torturado hasta la desesperación.

IV 4. Pero cuando se haya aclarado esta oscuridad del plan divino, quizá se nos mandará adorar lo que no se puede alcanzar, de manera que la mente humana diga: es el Señor, puede cualquier cosa que quiere y, como por naturaleza es el mejor, no puede no ser lo mejor cualquier cosa que quiera. Ahora bien, se dice bastante plausiblemente que Dios corona sus dones en nosotros y manda que su beneficio sea nuestro premio y se digna por su gratuita bondad atribuirlo como debido a los que confían en Él para conseguir la inmortalidad. Pero no sé cómo pueden ser consecuentes consigo mismos los que exageran la misericordia de Dios para con los piadosos, de manera que para con los otros lo hagan cruel. En cualquier caso, los oídos piadosos soportan que sea la benignidad del que nos atribuye sus bienes; por lo demás, se explica difícilmente cómo puede ser propio de justicia (pues no digo ya de misericordia) aplicar eternos suplicios a los que no se han dignado hacer obras buenas, puesto que ellos por sí mismos no pueden hacer nada bueno, de manera que, o no tienen libre albedrío o, si lo tienen, para nada les vale si no es para pecar.

IV 5. Si un rey diera un gran premio a aquel que no hubiese hecho nada en la guerra cuando los demás, que habían actuado con valentía, nada recibieron salvo el salario acostumbrado, quizá podría responder a los soldados que murmurasen: ¿qué injuria se os hace, si me placer ser generoso gratuitamente con este? ¿Podría parecer justo y clemente el que a un general al que hubiera pertrechado para la guerra con maquinas, tropas, dinero y todas las defensas en abundancia, lo premiase magníficamente por la obra bien hecha, y a otro, en cambio, al que no preparó con ningún tipo de defensas y lo enfrentó a la guerra inerme, lo mandara al suplicio por haber hecho mal las cosas? ¿Acaso aquel general, ya moribundo, no le diría al rey con razón: 'por qué castigas en mí lo que ha salido mal por tu culpa'? Si me hubieras armado como a los demás, también yo habría vencido. Y del mismo modo, si un señor manumitiera a un siervo que no hubiese hecho ningún mérito, quizá tendría que responder a los demás siervos que murmurasen: 'nada se os quita si yo soy más benigno con este, vosotros tenéis lo que os corresponde'. Pero todos considerarían que era cruel e inicuo el señor que entregara a los azotes a un siervo que fuese de cuerpo menos agraciado o que tuviera la nariz prominente u otra cualquier parte de forma poco elegante. ¿No murmuraría este con razón del señor que le castiga diciendo: '¿por qué sufro castigo por cosas que no están en mi mano'? Y le diría que aún sería más injusto si estuviera en mano del señor cambiar el defecto del cuerpo del siervo, como está en la mano de Dios cambiar nuestra voluntad, o si Dios añadiese al siervo aquel defecto que no le gusta, como cortarle una mano o le afease la cara con cicatrices; del mismo modo Dios, según la opinión de algunos, obra en nosotros incluso todo lo malo. En lo que se refiere a los preceptos, si un señor mandara a un siervo, sujeto por los grilletes a una rueda de molino, cosas como estas: 've allá, haz esto, corre, vuelve corriendo', amenazándole con crueldad si no obedece, pero entretanto no libera al siervo al que no deja de azotar, ¿no parecería que el siervo con razón llamara a su dueño o loco o cruel, si lo castigarle por no hacer aquello que no está en su potestad?

IV 6. Finalmente, cuando esos exageran sin medida la fe y la caridad para con Dios, lo soportaremos con oídos benevolentes pensando que la vida de los cristianos corrompida por todas partes por tantos pecados, no avanza de otro modo si no es por nuestra fe frígida y adormecida por la que creemos a Dios sin ir más allá de la palabra, que nada sobre los labios, cuando, según Pablo, "se cree con el corazón para la justificación". Y no me batiré demasiado con esos que lo refieren todo a la fe como fuente y principio, aunque creo que la fe nace y se alimenta de la caridad y a su vez la caridad de la fe. Ciertamente, la caridad alimenta la fe como cuando en la lámpara la luz se alimenta del aceite, pues confiamos con más agrado en aquel a quien amamos más. Y no faltan quienes pretenden que la fe es el principio de la salvación más bien que la culminación. Pero ahora no discutimos eso.

IV 7. Por lo demás, aquí habría que tener cuidado de que, mientras nos volcamos en multiplicar las alabanzas a la fe, no tergiversemos la libertad de arbitrio, que, si la eliminamos, no veo cómo pueda explicarse la cuestión de la justicia y de la misericordia de Dios. Como los antiguos no podían explicarse sus angustias, algunos se inventaron dos dioses: uno del Antiguo Testamento, del que pretendían únicamente que fuera más justo que bueno; el otro, del Nuevo Testamento, que fuese más bueno que justo. La impiedad de este planteamiento la refutó suficientemente Tertuliano. Mani, como hemos dicho, imaginó dos naturalezas en el hombre: una que no podría no pecar, la otra que no podría no obrar bien. Pelagio, a la vez que temía la justicia de Dios, atribuyó demasiado al libre albedrío, del que no difieren mucho los que atribuyen tanto a la voluntad del hombre que pueda merecer de las fuerzas de la naturaleza, por las obras moralmente buenas, aquella gracia suprema por la que somos justificados. Me parece que estos, una vez manifestada la esperanza de la salvación, han querido incitar al hombre a esforzarse tal como Cornelio, por sus oraciones y limosnas, mereció ser enseñado por Pedro y el eunuco por Felipe. El divino Agustín mientras busca a Cristo de todo corazón en las epístolas paulinas mereció encontrarlo. Podemos tranquilizar a quienes no soportan que el hombre pueda hacer algo bueno que no lo deba a Dios, diciendo que, sin embargo, toda obra se debe a Dios, sin el cual nada haríamos; y la importancia del libre albedrío es muy poca. y esto mismo es regalo divino para que podamos dirigir el ánimo a las cosas que pertenecen a la salvación o colaborar a la gracia. Agustín desde su lucha cuerpo a cuerpo con Pelagio fue más injusto con el libre albedrío de lo que lo fuera antes. Por el contrario Lutero, que antes atribuía algo al libre albedrío, se vio arrastrado por el calor de su defensa hasta tal punto que lo suprimió por completo. Licurgo fue censurado por los griegos porque, por odio a la ebriedad, mandó arrancar las viñas, cuando si hubiera dado mejor acceso a las fuentes podría haber evitado la borrachera, de modo que, a pesar de todo, no suprimiera el uso del vino.

IV 8. Mi opinión, en efecto, podría establecer el libre albedrío de manera que se evitara la confianza en nuestros méritos y los demás inconvenientes, que evita Lutero, y a la vez los inconvenientes que nosotros hemos reseñado arriba sin eliminar las ventajas que admira Lutero. A mí me parece que en esto la mejor es la opinión de aquellos que, en el trayecto por el que es estimulado el ánimo, el primer impulso lo atribuyen todo a la gracia; sólo en el curso conceden algo a la voluntad del hombre, que no obra sometida a la gracia de Dios. Pero, comoquiera que todas las cosas constan de tres fases, principio, progreso y término, las dos extremas las atribuyen a la gracia, sólo en el progreso afirman que cuenta algo el libre albedrío, de tal manera, sin embargo, que a la obra indivisa concurran a la vez dos causas, la gracia de Dios y la voluntad del hombre, de manera que la gracia de Dios sea la causa principal, la voluntad del hombre la secundaria, que sin la principal nada podría hacer, así como la principal se basta a sí misma. del mismo modo que la fuerza natural del fuego quema; pero la causa principal es Dios, que a la vez obra por medio del fuego, y sola sería suficiente y sin ella nada podría hacer el fuego si le faltara. Con este equilibrio sucede que el hombre deba atribuir toda la salvación recibida a la divina gracia, puesto que es muy poco lo que aquí hace el libre albedrío; y esto mismo que puede hacer sea obra de la divina gracia, puesto que primero creó el libre albedrío y después también lo liberó y lo sanó. Y así se aplacarán, si es que se pueden aplacar, los que no soportan que el hombre tenga algo bueno que no se deba a Dios. Se le debe también esto, pero de otro modo y por otro título, como la herencia que le llega a los hijos por equidad ciertamente no se llama de benignidad ya que por la ley común le llega a todos. Si fuera del derecho común se da algo a este o al otro, se llama liberalidad; sin embargo también los hijos deben a los padres lo recibido por herencia.

IV 9. Intentaremos también exponer en parábolas lo que estamos diciendo. El ojo del hombre, aunque esté sano, no ve nada en las tinieblas, si está ciego no ve nada ni siquiera en la luz; así, la voluntad, aunque libre no puede hacer nada si se le retira la gracia; y, sin embargo, encendida la luz el que tiene sanos los ojos puede cerrarlos para no ver; puede también apartarlos para dejar de mirar lo que habría podido ver. Pero más debe el que tenía los ojos ciegos por algún defecto; en primer lugar. debe al creador, después al médico. Antes del pecado el ojo estaba completamente sano, por el pecado el ojo se enferma. ¿Qué puede arrogarse el que ve? Sin embargo, hay algo que pueda atribuirse si, prudente, cierra o aparta los ojos. Escucha otra parábola. Un padre levanta a su niño que se ha caído porque todavía no puede caminar y le muestra una fruta poniéndosela delante. El niño intenta correr pero, por la debilidad de sus miembros, enseguida se caería de nuevo si el padre, adelantando la mano, no le apoyara y dirigiera su paso. Así pues, dirigido por el padre llega a la manzana que, benevolente, le pone en la mano como premio de sus pasos. El niño no habría podido levantarse si el padre no lo levantara, no habría visto la manzana si su padre no se la hubiera mostrado, no habría podido avanzar si su padre no hubiera ayudado sus pasos impotentes de continuo, no habría podido tocar la manzana si su padre no se la hubiera puesto antes en la mano. ¿Qué reivindicará aquí el niño para sí? Aun así, hizo algo; no obstante, no tiene por qué gloriarse de sus fuerzas, pues todo se lo debe al padre.

IV 10. Supongamos ahora que esto es lo que ocurre en Dios. ¿Qué hace, pues, aquí el niño? Se apoya en cuanto puede en el que lo levanta y acomoda sus débiles pasos a su ritmo. Habría podido el padre arrastrarlo contra su voluntad y el genio pueril podría haberlo rechazado despreciando la manzana; podría el padre darle la manzana sin que anduviera, pero prefirió dársela así porque así era más fácil para el niño. Aceptaré sin dificultad que el alcanzar la vida eterna depende un poco menos de nuestra diligencia que de la del niño que corre hacia la mano de su padre.

IV 11. Veamos aquí que se le atribuye lo mínimo al libre albedrío; a algunos, sin embargo, les parece que esto es todavía demasiado, ya que pretenden que sólo la gracia obre en nosotros, que nuestra mente no hace otra cosa que estar pasiva como un instrumento del Espíritu divino, de manera que ningún bien pueda decirse nuestro sino en cuanto la divina benignidad nos lo atribuye gratuitamente, pues la gracia no obra en nosotros tanto por el libre albedrío cuanto en el libre albedrío mismo como el alfarero obra en la arcilla no por medio de la arcilla. ¿De dónde, por tanto, la mención de la corona y del premio? Dios, dicen ellos, premia sus dones en nosotros y ordena que su beneficio sea nuestro premio, y admite que se atribuya al consorcio del reino de los cielos lo que ha obrado en nosotros. En esto no veo cómo pueden mantener una libre voluntad que no hace nada. Porque si dijeran que la gracia obra de tal manera que hace los actos a la vez que la voluntad, sería más fácil la explicación, del mismo modo que según los médicos a nuestro cuerpo le viene del alma el principio del movimiento y en absoluto podría moverse sin el alma y, sin embargo, no sólo se mueve él mismo sino que también mueve otras cosas y, como socio de la obra, es llamado a la sociedad de la gloria. Y si Dios obra en nosotros como el alfarero en la arcilla, ¿qué puede atribuírsenos tanto para el bien como para el mal? Pues no me agrada invocar en esta cuestión al alma de Jesucristo que, sin duda, fue instrumento del Espíritu divino. Y si la debilidad de la carne es un obstáculo para que el hombre merezca menos, Él también tuvo terror de la muerte y quiso que no se hiciera su voluntad sino la del Padre. Y confiesan que esta es la fuente de los méritos los mismos que a todos los demás santos niegan todo mérito de su buena obra.

IV 12. Por lo demás, los que niegan que exista el libre albedrío, porque todo se hace por absoluta necesidad, afirman que Dios no sólo hace las obras buenas sino también las malas, de donde parece seguirse que, al igual que el hombre no puede considerarse autor de sus obras buenas, tampoco puede hacerlo de las malas. Esta opinión parece atribuir a Dios la crueldad y la injusticia, palabras que rechazan con vehemencia los oídos religiosos (pues no sería Dios si hubiera en él algún vicio o imperfección), y sin embargo estos tienen también algo que responder en esta causa tan poco plausible: si es de Dios, lo que hace tiene que ser lo mejor y lo más hermoso; si miras el orden del universo, incluso aquellas cosas que son malas en sí mismas, aquí son buenas e ilustran la gloria de Dios; y no es propio de ninguna creatura juzgar el plan del Creador sino que se le ha de someter en todo de tal modo, que si a Dios le place condenar a este o al otro no se deba criticar sino aceptar cualquier cosa que a él le placiera, estando persuadidos de que todo será gobernado muy bien por Él y que no puede ser gobernado de otra manera que muy bien. Por otra parte, quién soportará si un hombre le dice a Dios: '¿Por qué no me has hecho ángel?'. Acaso Dios con razón no le respondería: 'Desvergonzado, si te hubiese hecho rana, ¿de qué tendrías que quejarte?'. Y si la rana le espetase a Dios: '¿Por qué no me has hecho un pavo real de gran belleza por sus plumas multicolores?', acaso no le respondería con todo derecho: 'Ingrata, podría haberte hecho un hongo o una cebolla, pero ahora saltas, bebes y cantas'. Igualmente, si un basilisco o una víbora dijeran: '¿Por qué me has creado como un animal odioso y mortífero para todos, y no me has creado oveja?' ¿Qué respondería Dios? Quizá: 'Así me ha parecido y así convenía al decoro y al orden del universo. Y a ti, sin embargo, no se te ha hecho injusticia, no más que a las moscas, a los mosquitos y demás insectos, cada uno de los cuales los he diseñado también para que presenten una maravilla a los que los contemplan. Y no por eso no es admirable y hermosa la araña por ser distinta del elefante; al contrario, más maravillas hay en la araña que en el elefante. ¿No es suficiente para ti que en tu especie seas un animal perfecto? Y no se te ha dado veneno para que mates, sino para que con aquellas armas te defiendas a ti y a tus crías, como a los bueyes se les ha puesto cuernos, a los leones garras, al lobo dientes, a los caballos pezuñas. Cada uno de los animales tiene su propia utilidad. El caballo es animal para cabalgar, el buey vale para arar, el asno y el perro ayudan al hombre en sus trabajos, la oveja es útil para el alimento y el vestido; tú eres útil para los medicamentos'.

IV 13. Pero dejemos de razonar con estas cosas que carecen de razón. Se nos ha planteado la discusión sobre el hombre al que Dios creó a su imagen y semejanza y todas las cosas para su bien. Pero cuando vemos que algunos nacen con cuerpos muy agraciados, grandes ingenios y como predispuestos para la virtud, y otros, por el contrario, con cuerpos monstruosos, otros aquejados por enfermedades, otros con ánimo tan necio que poco se diferencian de los brutos animales, otros más brutos que los mismos brutos, algunos otros tan propensos a la maldad que pareciera que son arrastrados a ella por la fuerza de los hados, algunos claramente dementes y demoniacos, ¿de qué manera explicaríamos la cuestión de la justicia y la misericordia de Dios? ¿Acaso lo diremos con Pablo: *Oh sublimidad,* etc.? Pienso que sería mejor esto que juzgar con impía temeridad acerca de los planes de Dios, que son inescrutables para el hombre. Mucho más difícil es explicar por qué Dios a unos premia con la gloria inmortal sus actos buenos, y a otros castiga con eternos suplicios sus actos malos. Pero para defender esta paradoja se necesitarían otras paradojas auxiliares para que esté seguro el ejército contra los adversarios. Ellos exageran al máximo el pecado original, con el cual pretenden que están tan corrompidas incluso las más excelentes fuerzas de la naturaleza humana, por las cuales nada se puede sino es ignorar y odiar a Dios, y ni siquiera el hombre justificado por la gracia de la fe puede hacer ninguna obra que no sea pecado; y pretenden que nuestra proclividad a pecar nos ha sido dada como herencia del pecado de nuestros primeros padres y resulta invencible, de modo que no hay ningún precepto de Dios que el hombre, aun justificado por la fe, pueda cumplir sino que Sus preceptos no a otra cosa miran que a aumentar la gracia de Dios, que da la salvación sin tener en cuenta los méritos.

IV 14. Pero entretanto parece que esos mismos por un lado reducen la misericordia de Dios y por otro la amplían, lo mismo que si uno pone muy poco de comer a los invitados en el almuerzo para que parezca más espléndida la cena, o imitan a los pintores que cuando quieren dar impresión de luz en el cuadro lo oscurecen con sombras contiguas. De este modo dan una visión cruel de Dios, como si se ensañara con el género humano por el pecado ajeno, cuando los que lo cometieron se arrepintieron y pagaron penas graves en vida. Después, cuando dicen que aquellos que han sido justificados por la fe no hacen otra cosa que pecar, de tal manera que amando a Dios y confiando en Él nos volvamos dignos de Su odio, ¿no hacen con eso muy escasa la gracia de Dios que justifica al hombre por la fe, de tal manera que aun así no sea otra cosa que el mismo pecado? Además, mientras Dios abruma al hombre con tantos preceptos, que para nada valen sino para que odie más a Dios y sea castigado más duramente, ¿no lo hacen más cruel que el mismo Dionisio, el Tirano de Sicilia, que promulgó muchas leyes con premeditación porque sospechaba que, si nadie les urgiera, la mayoría no las cumplirían; al principio transigía, pero al ver que seguían delinquiendo, comenzó a castigarlos. Así, volvió a todos contrarios a él. Y, sin embargo, sus leyes eran fáciles de cumplir si uno quería. No examinaré ahora las razones por las que enseñan que todos los preceptos de Dios son imposibles de cumplir para nosotros, pues esto no lo hemos determinado; obviamente, sólo he querido manifestar que estos, con excesivo deseo de extender la gracia en razón de la salvación, la oscurecen para los demás. No veo la consistencia. Una vez yugulado el libre albedrío, enseñan que el hombre obra por el Espíritu de Cristo cuya naturaleza no soporta la compañía del pecado. Y, sin embargo, dicen que, aun después de recibida la gracia, el hombre nada puede hacer sino pecar.

IV 15. Este género de hipérbole parece que le gustan a Lutero para rechazar las de los demás, como "empujar un mal mulo, con una mala cuña" como suele decirse. La temeridad de algunos para la hipérbole se ha extendido tanto, que venden no sólo sus propios méritos sino los de todos los santos. Pero, al fin, ¿qué ofrecen? Cánticos, salmos recitados, peces, ayunos, vestidos, títulos. Lutero "sacó este clavo con otro", de manera que dijera que los santos no tenían en absoluto ningún mérito sino que cualquier acto de los hombres piadosos es pecado, que había de traer la condenación eterna, si la fe y la misericordia divina no vinieran en su ayuda. Asimismo, una parte obtenía un suculento beneficio de las confesiones y satisfacciones con las cuales habían seducido las conciencias de los hombres, así como del purgatorio, del que habían difundido ciertas paradojas; la otra parte corrigió este vicio diciendo que la confesión es un invento de Satanás (los más moderados niegan que haya que imponerla), que no hay ninguna obra en satisfacción por los pecados, ya que Cristo pagó por las penas de todos, y además que no existe purgatorio alguno. Una parte dice también que las constituciones de los "priorcillos" obligan bajo las penas de la gehena y no duda en prometer la vida eterna si uno las cumpliera; la otra suaviza esta hipérbole aduciendo que las constituciones de los pontífices, los concilios y los obispos son heréticas y anticristianas. Unos ensalzan la potestad del pontífice con exageración, otros hablan de él en unos términos que no me atrevo a repetir. De nuevo, unos dicen que los votos de los monjes y los sacerdotes obligan al hombre bajo pena de la gehena y para siempre, otros que tales votos son, sobre todo, impíos y que no hay que hacerlos, y si se hacen no hay que cumplirlos.

IV 16. Por consiguiente de la colisión de tales hipérboles nacen estos rayos y truenos que ahora golpean el orbe. Y si una y otra parte siguen defendiendo obstinadamente sus propias hipérboles, veo que llegará una lucha entre ellos como la de Aquiles y Héctor, tan igualmente feroces que solo la muerte pudo separarlos. Se dice comúnmente que para poner recto un bastón curvo hay que flexionarlo en el sentido opuesto; esto quizá es lo bueno para corregir las costumbres, pero no sé si hay que aplicarlo a los dogmas. Para exhortar y disuadir veo que algunas veces hay lugar para la hipérbole, como si para infundir confianza a un hombre tímido le hablaras adaptándote a él diciéndole: no temas, Dios todo lo dice y lo hace en ti. Y para rebatir la impía insolencia del hombre quizá dirías oportunamente que el hombre no es más que pecado; y contra los que pretenden que sus dogmas se adecúan a las Escrituras canónicas, sería oportuno decir que el hombre no es otra cosa que mentira. Pero cuando, en la búsqueda de la verdad, proponen axiomas, no creo que haya que usar tales paradojas, que no están muy lejos de los enigmas; en estas cosas me gusta la moderación. Parece que Pelagio atribuyó demasiado al libre albedrío, Escoto le atribuyó bastante. Lutero primero le amputó el brazo derecho, luego, no contento con esto ,yuguló totalmente el libre albedrío y lo quitó de en medio. A mí me gusta la opinión de aquellos que atribuyen algo al libre albedrío, pero más a la gracia. Pues no habría que evitar la Escila de la arrogancia para no ser arrastrado a la Caribdis de la desesperación y la indolencia; ni para curar un miembro dislocado es necesario torcerlo en la dirección opuesta, sino volver a colocarlo en su lugar; ni habría que luchar de frente contra el enemigo de manera que sin darte cuenta recibas una herida por la espalda. De esta moderación resulta que alguna obra sea buena aunque imperfecta, por lo que el hombre nada pueda arrogarse para sí mismo; habrá algún mérito, pero la suma de todo se deberá a Dios. En la vida de los mortales son muy frecuentes la enfermedad, los vicios y los crímenes, de modo que si cualquiera quisiera mirarse a sí mismo, fácilmente dejaría de exhibir los penachos de su casco, aunque no afirmemos que el hombre, incluso justificado, no es otra cosa que pecado, sobre todo cuando Cristo lo llama "vuelto a nacer" y Pablo "nueva creatura". ¿Por qué, dirás, se concede algo al libre albedrío? Para que sea con razón lo que se imputa a los impíos, que voluntariamente no han ayudado a la gracia de Dios; para que se excluya de Dios la calumnia de crueldad e injusticia, y de nosotros la desesperación; para que nos estimule poner algo de nuestra parte. Por estas razones se admite el libre albedrío, pero ineficaz sin la continua gracia de Dios para que nada nos atribuyamos a nosotros. Dirá alguno: ¿para qué sirve el libre albedrío si no hace nada? Le respondo: ¿para qué el hombre, si Dios obra en él como el alfarero con el barro o con el sílice?

IV 17. Si queda demostrado que no conviene investigar la piedad más allá de lo necesario, sobre todo por los incultos; si esta opinión queda avalada por más testimonios de las Escrituras que la contraria; si consta que muchos de sus pasajes son oscuros por los tropos, o que muestra contradicciones aparentes, de modo que no hay que apegarse al sentido literal de las palabras y sí moderar la opinión con la interpretación; si hemos advertido cuántos inconvenientes y absurdos se seguirían de eliminarse el libre albedrío; si se ha demostrado que, si aceptamos esta opinión, nada se pierde de lo que Lutero, en verdad piadosa y cristianamente, había disertado acerca de la suma caridad para con Dios, de que hay que rechazar la excesiva confianza en los méritos de nuestras obras y nuestras fuerzas, de trasferir toda la confianza a Dios y a sus promesas, ya quisiera yo que el lector pensara, una vez condenada esa opinión por tantos doctores de la Iglesia, que aprobó el consenso de tantos siglos y naciones, si acaso juzga justo aceptar ciertas paradojas por las que está tan revuelto el orbe cristiano. Si estas cosas son verdaderas, confesaré la torpeza de mi ingenio, pues no alcanzo a entenderlas; no rechazo conscientemente la verdad: desde mi ánimo favorezco la libertad verdaderamente evangélica y detesto lo que se opone al evangelio. No asumo el papel de juez, sino de controversista, y, sin embargo, puedo afirmar que al disputar observo aquella religión que en otros tiempos se exigía a los jueces juramentados en las causas capitales. Y no se me permite a mí, ya viejo, avergonzarme de aprender de un joven, si alguno enseña las cosas más evidentes con evangélica mansedumbre. Sé de sobra que oiré decir a estos: 'Erasmo aprenda a Cristo y haga valer la humana prudencia; estas cosas no las entiende nadie sino el que tiene el Espíritu de Dios'. Si aún no entiendo qué es Cristo sin duda aún estoy vagando lejos de la meta, aunque aprenderé con agrado qué Espíritu tenían tantos doctores y el pueblo cristiano, pues es probable que este haya sentido lo mismo que le habían enseñado sus obispos hace ya mil trescientos años, que esto no lo entendieron. "He terminado: el juicio queda en manos de otros".

APÉNDICE

"GRATIA ET LIBERTAS":
CONFIGURACIÓN TEOLÓGICA DEL SUJETO
EN LA ENCRUCIJADA HUMANISTA DEL RENACIMIENTO

Andrés Rodríguez

Introducción

El Renacimiento, en su plenitud intelectual, no se limitó a una *reductio ad fontes* de la Antigüedad clásica, sino que suscitó una reconfiguración radical de la autocomprensión cristiana del hombre. La recuperación del sujeto, la relectura de la *imago Dei* y el redescubrimiento de la libertad interior confluyeron en una crisis sin precedentes de la antropología y de la soteriología heredadas. En el corazón de ese drama espiritual se alzó la disputa sobre el *liberum arbitrium*, una antinomia fundante entre la soberanía absoluta de Dios y la agencia moral del ser humano. Ningún pensador encarnó mejor esa encrucijada que Erasmo de Rotterdam, el *princeps humanistarum*, cuya polémica con Martín Lutero reveló las fisuras más hondas del cristianismo occidental en su tránsito hacia la Modernidad.

El presente texto aborda esta controversia como una síntesis hermenéutica y comparada. Metodológicamente, se adopta un enfoque interdisciplinar que conjuga la exégesis textual de las fuentes erasmianas y luteranas con la lectura doctrinal de la tradición patrística y escolástica –particularmente, Agustín de Hipona y Tomás de Aquino– integrando, además, las elaboraciones posteriores (Molina, Pascal, Leibniz, Kant, Kierkegaard, Schelling, Heidegger) y la interpretación normativa del Magisterio eclesial. El análisis pretende situar la *quaestio de libero arbitrio* en su diacronía teológica, mostrando su evolución desde la concepción agustiniana de la *gratia liberans* hasta las modulaciones modernas de la libertad personal.

La investigación se articula, por tanto, en torno a una pregunta axial: ¿posee la voluntad humana la *vis* o *potestas* para orientarse hacia su fin último –la bienaventuranza– aun estando debilitada por la herida del pecado original? La tesis que guía este texto sostiene que la defensa erasmiana de una voluntad herida pero no destruida constituye no sólo un hito humanista en la historia de la teología y de la filosofía, sino también una clave propedéutica esencial para una propuesta personal de antropología filosófica, orientada a la comprensión integral del ser humano. Dicha propuesta –que desarrollo en la sección final– concibe la triple constitución del hombre como fundamento de su dignidad y de su vocación: su libertad como participación ontológica del bien, su semejanza como reflejo de la *imago Dei*, y su teleología doxológica como vocación a la alabanza y al amor de Dios.

Erasmo y el problema del libre albedrío

Erasmo, al abordar la cuestión en su *De libero arbitrio diatribe sive collatio* (1524), exhibe una profunda perplejidad heurística, calificando el tema como "apenas ningún laberinto más inexplicable". Su aproximación es inherentemente cautelosa, prefiriendo el escepticismo en "cuestiones debatidas" donde la autoridad inviolable de la Escritura y las decisiones de la Iglesia aún no han sentado una definición definitiva. Esta prudencia no implica una aversión a la verdad ni al acto de afirmar, sino –en palabras del propio Erasmo– a la *temeritas definiendi*, la temeridad de definir (*Hyperaspistes* I, 1259A) , buscando la verdad que "quizás pueda brillar de la comparación de la Escrituras, como el fuego brota del choque de las piedras de sílice".

La definición erasmiana de libre albedrío ocupa un lugar central en la arquitectura de su pensamiento acerca de este asunto. Para él, la libertad no es mera indiferencia, sino –en sus propias palabras– "la fuerza de la voluntad humana por la que el hombre puede dedicarse [*applicare*] a las cosas que conducen a la salvación eterna o bien apartarse [*avertere*] de ellas". Que Erasmo recurra sistemáticamente a esta pareja verbal –aplicarse o apartarse– sin mencionar de inmediato la mediación explícita de la gracia, ha sido subrayado por la exégesis crítica como una característica reveladora de su antropología moral. No obstante, el humanista precisa que esa voluntad, aunque herida por el pecado original, "non est extincta", no ha sido aniquilada, sino debilitada y necesitada de auxilio.

Para Erasmo, negar el libre albedrío implica consecuencias teológicas y éticas insostenibles. Primero, en el orden moral, hay una mutación en el régimen de imputabilidad, que se derrumba: si la voluntad no es libre, el pecado deja de ser voluntario, y, por tanto, culpable. Segundo, en el plano exegético, la Escritura misma se despojaría de sentido. Erasmo apela al Eclesiástico y al Deuteronomio, donde el hombre es entregado en manos de su propio albedrío; si tal libertad no existiera realmente, las exhortaciones bíblicas –"si queréis... si no queréis"– serían simples ficciones retóricas. Tercero, en el ámbito metafísico, rechaza la tesis de la necesidad absoluta de todas las acciones, tanto buenas como malas, sostenida por Wyclif y llevada al extremo por Lutero. La presciencia divina, argumenta con Lorenzo Valla, no impone necesidad alguna. Así, el conocimiento divino no causa los actos humanos, sino que los contempla en su libre realización.

La posición erasmiana se revela, por tanto, como un intento de conciliación superior: una vía media entre el pelagianismo autosuficiente y el determinismo de la necesidad absoluta. Su fórmula es precisa: "algo se concede al libre albedrío y muchísimo a la gracia". Tal equilibrio preserva la *pietas*, evitando tanto la desesperación del que se cree irredimible como la soberbia del que presume asegurada su salvación. La libertad humana, herida pero no abolida, se convierte así en el espacio mismo donde actúa la gracia: el lugar de la respuesta, de la cooperación y, en última instancia, de la dignidad del hombre creado *ad imaginem Dei*.

San Agustín y la matriz patrística

La teología occidental sobre la gracia y el libre albedrío halla su matriz originaria en la obra ingente de San Agustín de Hipona, especialmente en su combate doctrinal contra el pelagianismo. En la posteridad, la tradición postagustiniana –particularmente en Martín Lutero– reinterpretó la expresión *servum arbitrium* como una negación absoluta de la libertad natural, haciendo de ella el fundamento antropológico de su doctrina central sobre la esclavitud del hombre al pecado.

Sin embargo, en la genuina intención agustiniana, la libertad no es abolida, sino herida y dependiente del auxilio divino. Agustín no concibe la *gratia* como una fuerza que sustituye a la voluntad, sino como la condición misma de su sanación y eficacia. De ahí su célebre axioma, recogido por San Juan Pablo II en la *Veritatis Splendor*: "Lex data est ut gratia quaereretur; gratia data est ut lex impleretur." Esta dialéctica teológica expresa con rigor la estructura de la existencia caída: la gracia no elimina la libertad, sino que la restaura en su orientación teleológica hacia el bien.

Agustín describe la condición humana posterior a la culpa original como una libertad "captivata et infirmata" –cautiva y enferma–, no como extincta. Su doctrina no suprime la *libertas naturalis*, sino que la reconoce impotente sin el influjo sanador de la gracia: el hombre conserva la *voluntas*, pero carece de la *posse* plena para el bien sin el auxilio divino. En esta línea, Harry J. McSorley advierte con agudeza que resulta incorrecto considerar "no agustiniano y semipelagiano afirmar que la voluntad humana, aunque herida por el pecado, conserva sin embargo cierta libertad"; el propio Agustín –añade– habla no sólo de "einer gewissen Freiheit" tras la caída, sino de *liberum arbitrium*, aunque sea un *liberum arbitrium captivatum et infirmatum* (McSorley, 1969, p. 117). Esta precisión crítica confirma que la noción agustiniana de libertad no es una abolición del querer, sino una ontología de la dependencia: el hombre sigue siendo libre, pero su libertad está herida y sólo se restituye plenamente en la gracia.

Los decretos conciliares de Cartago (418), asumidos por la Sede Apostólica, consolidaron esta línea doctrinal y condenaron explícitamente toda forma de autosuficiencia pelagiana. En su canon tercero, el concilio declara: "Quien afirme que la gracia de Dios, por la que el hombre es justificado por medio de nuestro Señor Jesucristo, sólo vale para la remisión de los pecados ya cometidos, pero no como ayuda para no cometerlos, sea anatema". Este principio no sólo proscribe el pelagianismo, sino que fija con precisión la economía de la salvación: la voluntad humana es real y operante, pero su eficacia es participada; no puede querer ni obrar el bien sin ser prevenida y sostenida por la gracia.

En este horizonte patrístico, la tradición no niega la libertad, sino que la afirma como espacio de cooperación. El hombre no se salva sin querer, pero tampoco puede querer el bien sin ser movido por la gracia. De esta tensión constitutiva nace la antropología agustiniana de la dependencia: el alma es libre en la medida en que se deja liberar por Dios.

Santo Tomás y la causalidad segunda

Santo Tomás de Aquino, al consumar la síntesis entre fe y razón bajo el influjo del aristotelismo cristiano, edificó el marco metafísico más sólido para armonizar la causalidad universal divina con la libertad creada del hombre. En su antropología teológica, el hombre actúa *cum iudicio libero*: no por mero instinto natural ante un bien singular, sino mediante un discernimiento racional que le permite deliberar sobre aquello que conviene "evitar o buscar".

El Doctor Angélico distingue, en el ámbito de la volición, entre la *voluntas ut natura* (voluntad en cuanto naturaleza) y la *voluntas ut ratio* (voluntad en cuanto razón). La primera designa la inclinación necesaria de la voluntad hacia el bien absoluto –la tendencia connatural al fin último, Dios mismo–; la segunda, en cambio, expresa el ejercicio deliberativo, la elección en virtud de la cual el sujeto racional se autodetermina entre los medios que conducen a ese fin. El libre albedrío reside, pues, no en la indeterminación del acto, sino en la racionalidad de la elección.

En lo relativo a la presciencia divina y la necesidad, Tomás disuelve la aparente contradicción mediante su clásica distinción entre necesidad absoluta y necesidad condicionada. La ciencia divina no impone una necesidad absoluta sobre los eventos contingentes, sino una "necesidad de la cosa consecuente" (*necessitas consequentiae*): si Dios conoce que algo sucederá, ciertamente sucederá; pero el modo de su acontecer permanece libre, en cuanto que el acto se verifica según sus propias causas. Así, la presciencia divina no destruye la contingencia creada, sino que la funda en su inteligibilidad eterna.

El libre albedrío, en esta perspectiva, es causa de sus propios actos, pero no causa primera de sí mismo. Dios, como Causa Prima, mueve interiormente a la voluntad sin violentarla, de manera que "el mismo efecto pertenece a la causa creada y todo a la voluntad increada". La acción humana es, por tanto, participación finita de la causalidad divina: la criatura actúa libremente porque Dios, en cuanto acto puro, la mueve libremente a obrar.

Por ello, la distinción clásica –ya presente en Alejandro de Hales y asumida por San Buenaventura– entre *necessitas coactionis* y *necessitas immutabilitatis* resulta capital para comprender el misterio de la libertad creada. La primera, la necesidad de coacción externa, es incompatible con la libertad; la segunda, la necesidad derivada de la inmutabilidad del acto divino, no la destruye. En este sentido, la libertad no consiste en la mera posibilidad de querer lo contrario (*potentia ad opposita*), sino en el *imperium et dominium actus proprii*, el señorío del espíritu racional sobre sus propios actos en conformidad con el bien.

Ontología de la dependencia en Lutero

La posterior réplica de Martín Lutero a Erasmo, el *De servo arbitrio* (1525), constituye una de las obras cardinales de su teología reformadora. En ella no sólo reprocha al humanista su falta de rigor dogmático –acusándolo de sustituir el argumento teológico por mera "ilustración"–, sino que eleva la doctrina del albedrío subyugado (*servum arbitrium*) al núcleo mismo de la *summa causae* que separa definitivamente a católicos y protestantes

La preocupación fundamental de Lutero es doble: la vindicación de la gloria absoluta de Dios (*soli Deo gloria*) y la erradicación de todo vestigio de pelagianismo. Por ello afirma la necesidad universal de todos los actos humanos, sosteniendo que "el libre albedrío es una ficción en la realidad o un nombre vacío de contenido, porque nadie tiene en su mano pensar cosa alguna del mal o del bien, sino que todas [...] suceden absolutamente por necesidad". Esta tesis –que Erasmo califica de "abominable" y contraria a la doctrina ortodoxa– es, sin embargo, para Lutero la única capaz de preservar la gratuidad radical de la gracia: si el hombre tuviera capacidad para iniciar o cooperar con el bien, la *gratia* dejaría de ser gracia.

En la antropología luterana, la *voluntas* humana no es sino una *bestia iumentum* –una "bestia de carga de Dios o de Satanás"–, imagen que expresa con rigor simbólico la absoluta pasividad del querer humano. Cuando Dios actúa en el hombre, la voluntad no obra sino que padece (*mera passivitas*), de modo que "Dios opera todo en nosotros tanto lo bueno como lo malo". Esta concepción, de acentuado monergismo, pretende salvaguardar la gloria divina afirmando que "toda la suficiencia nos viene de Dios", y que el hombre reconozca su total dependencia ontológica, erradicando así la "confianza excesiva en los méritos de nuestras obras". McSorley muestra que esta imagen, formulada en *De servo arbitrio*, encuentra sus antecedentes no en San Agustín, sino en el *Hypomnesticon contra pelagianos et caelestisnianos*, texto pseudoagustiniano donde el *liberum arbitrium* es comparado con una bestia conducida por la gracia como jinete. Karl Zickendraht demostró ya en 1909 que Lutero hereda de esta fuente el motivo dualista del "combate entre Dios y Satanás" por el dominio del alma humana.

A diferencia de Erasmo, Lutero rehúye el argumento de autoridad y fundamenta su posición exclusivamente en la claridad autosuficiente de la Escritura (*sola Scriptura*). No obstante, el propio Erasmo ironiza sobre la paradoja de tal postura, señalando la "oscuridad" de muchos pasajes bíblicos en cuestiones tan decisivas como la libertad o la gracia, allí donde Lutero pretende hallar evidencia manifiesta.

Gracia y libertad en la Modernidad: de Molina a Heidegger

La controversia sobre la gracia y la libertad no concluyó con Lutero, sino que se prolongó en el seno del catolicismo, revelando que el problema seguía siendo, en expresión de Molina, un verdadero *labyrinthus* teológico.

En el siglo XVI, el jesuita Luis de Molina, en su *Concordia liberi arbitrii cum gratiae donis* (publicada en 1588 en Lisboa), propuso una magistral conciliación entre la causalidad divina y la libertad humana mediante la célebre *scientia media*. Este conocimiento, intermedio entre la ciencia natural (*scientia necessaria*) y la ciencia libre (*scientia libera*), permite a Dios conocer infaliblemente lo que la criatura libre haría en circunstancias posibles. A través de ella, "Dios ve en su esencia, por comprehensión perfecta o supercomprehensión de todo libre arbitrio, lo que cualquier hombre haría, en razón de su libertad innata, en cualquiera de los infinitos órdenes y circunstancias en que Dios podría ponerlo", sin que su decreto determine causalmente esas acciones. En este marco, la gracia divina prevé la cooperación libre del hombre sin anularla, y Dios elige actualizar aquellos mundos posibles en los que su plan providencial se cumple sin violentar la libertad creada. Esta solución molinista se enfrenta al tomismo bañeziano, que defiende la *praemotio physica*, según la cual el influjo divino es previo y determinante del acto libre. La controversia, examinada por la *Congregatio de Auxiliis* (1598-1607), nunca fue zanjada. No obstante, el Concilio de Trento ya había afirmado la libre cooperación humana, "asintiendo y cooperando" (*assentiendo et cooperando*), dejando abierta la comprensión metafísica de esa colaboración.

Blaise Pascal en los *Pensées* (1670) denunció la impotencia de la razón para captar el misterio de la gracia: "El corazón tiene razones que la razón no entiende". Para él, la libertad humana está radicalmente herida y sólo puede orientarse al bien por la atracción de la gracia. En su antropología de la miseria y la grandeza, Pascal recupera la visión agustiniana del hombre caído, mostrando que la libertad no es pura autonomía, sino dependencia amorosa de Dios.

En el tránsito al racionalismo, Leibniz reinterpretó la relación entre libertad y predestinación en clave metafísica: la libertad consiste en actuar según la razón suficiente, no por mera contingencia. En su *Théodicée* (1710), Leibniz defiende que Dios elige el mejor de los mundos posibles, donde cada acto libre está previsto en la armonía universal, sin que ello implique necesidad física. Su noción de "contingencia metafísica" busca conservar la libertad como espontaneidad racional, en continuidad con el ideal tomista de la causa segunda libre, pero bajo una metafísica determinista del orden, interviniendo la conjunción de tres elementos esenciales; Inteligencia: la cual exige "un conocimiento distinto del objeto de la deliberación". Espontaneidad: la facultad por la cual la sustancia se resuelve a sí misma. Contingencia: definida crucialmente como "la exclusión de la necesidad lógica o metafísica".

Con Immanuel Kant, el problema del libre albedrío se traslada del plano teológico al moral. En la *Crítica de la razón práctica* (1788), Kant sostiene que la libertad no es una facultad empírica sino trascendental: la capacidad de darse a sí mismo la ley moral (autonomía). Sustituye la *gratia efficax* por el imperativo categórico, convirtiendo la obediencia a la ley divina en cumplimiento de la ley racional. Si bien conserva la idea de dignidad, se pierde la dimensión relacional con Dios: la libertad deja de ser don y se convierte en fundamento.

En el siglo XIX, la reflexión sobre la libertad se hace existencial. Søren Kierkegaard, en *El concepto de la angustia* (1844), muestra que la libertad humana es la posibilidad de lo posible: se define por la angustia, el vértigo ante la decisión en tanto que el ser humano es una síntesis entre lo finito y lo infinito (alma y cuerpo). Frente al sistema hegeliano, Kierkegaard ve en la libertad una paradoja que sólo halla reposo en el salto de fe, donde la gracia restituye la unidad entre finitud y eternidad.

Friedrich Schelling, en *Investigaciones filosóficas sobre la esencia de la libertad humana* (1809), concibe la libertad como el principio metafísico originario de todo ser, aquello en lo que se funda tanto la divinidad como la criatura. La libertad es el *Grund* y a la vez el *Abgrund*, el "fondo oscuro de la divinidad" –la voluntad sin entendimiento, el ansia por engendrarse a sí misma– en el que laten simultáneamente el bien y el mal como posibilidades reales. No constituye, por tanto, un simple atributo moral del hombre, sino la estructura ontológica del ser mismo, un misterio anterior a toda determinación ética y racional. En esta profundidad preontológica, la libertad se revela como acto absoluto de autoafirmación y de escisión, donde el querer divino y el querer creado comparten el mismo abismo de posibilidad que hace del ser, en su núcleo más íntimo, un *Freisein*: ser libre.

En el siglo XX, Martin Heidegger traslada definitivamente la cuestión fuera del marco teológico: la libertad ya no es elección entre contrarios, sino apertura (*Erschlossenheit)* al ser . En *Ser y tiempo* (1927) y, más tarde, en *Vom Wesen des Grundes* (1929), redefine la libertad como el fundamento ontológico de la verdad: el *Dasein* es libre porque es el lugar donde el ser se manifiesta. Con ello, la libertad pierde su carácter teológico y moral para convertirse en estructura del desocultamiento. Sin embargo, su concepto de *Gelassenheit* ("desasirse") en la etapa tardía retoma, aunque implícitamente, el eco agustiniano de la dependencia radical de la criatura frente al Creador.

Magisterio católico: del auxilio necesario a la plenitud de la libertad

El Magisterio de la Iglesia ha mantenido con rigor el equilibrio entre la omnipotencia de la gracia y la libertad creada. El II Concilio de Orange

(529), confirmado por Bonifacio II, definió contra el semipelagianismo que toda recta fe y el comienzo de la buena voluntad son "inspirados por la gracia previniente" [40, 200a]; el hombre puede cooperar o resistirla, pero nunca iniciarla. El Concilio de Trento (1547), en su Decreto sobre la Justificación (Ses. VI), reafirmó que el libre albedrío, aunque debilitado por el pecado original, no fue destruido, y sólo puede orientarse al bien con el auxilio divino: "nada de lo que precede a la justificación, sea la fe o las obras, la merece".

Conviene hacer alusión al arminianismo porque representa la forma moderna del antiguo error semipelagiano. Al postular una gracia meramente habilitante que permite al hombre iniciar la fe por su propia decisión, el arminianismo pretende salvaguardar la libertad, pero desvirtúa la gratuidad de la redención. La doctrina católica refuta esta posición con una lógica teológica impecable: si la gracia dependiera del acto humano previo, dejaría de ser don para convertirse en mérito. Sólo la gracia primera, que mueve y eleva la libertad sin anularla, conserva su carácter divino y gratuito, fundamento de toda cooperación humana con Dios.

El Magisterio moderno, especialmente en *Veritatis Splendor* (1993), subraya que la libertad sólo se perfecciona en la verdad y rechaza las teorías morales que niegan actos intrínsecamente malos. Así, la libertad humana es colaboración con la gracia, no autonomía.

El ser humano, esclavo de su libertad

La libertad humana, en su hondura metafísica, se revela así como la condición estructural de la respuesta salvífica: un *liberum arbitrium* herido pero ontológicamente subsistente, cuya índole es sinergética, no monergista. Frente a toda absolutización de la necesidad –sea en su forma determinista o en su caricatura pelagiana–, la tradición católica reconoce que la gracia, siendo principio primero de todo bien, no absorbe ni eclipsa la causalidad creada, sino que la suscita y la eleva en la economía del querer. Aquí se inscribe la decisiva intuición erasmiana: la libertad no es un reducto autosuficiente, sino el ámbito mismo en el que la gracia se hace fecunda sin violentar la condición racional de la criatura.

Desde esta perspectiva, el misterio de la cooperación aparece como síntesis superior de dos causalidades heterogéneas pero no competitivas: la divina, que previene, ilumina y mueve; y la humana, que consiente o rechaza, en acto de verdadera autodeterminación. La presciencia divina –en sintonía con la enseñanza tridentina– funda un marco providencial no fa-tídico: Dios conoce infaliblemente los futuros libres sin causar su necesidad, permitiendo que la libertad creada conserve su autenticidad incluso en el seno de la gracia que la precede.

El ser humano fue creado esclavo de su libertad, pues únicamente desde la libertad –herida, pero real– puede acoger la gracia que lo constituye como hijo de Dios; y es en este horizonte donde adquiere pleno sentido la triple constitución antropológica que yo postulo: libertad como condición de la responsabilidad, semejanza como participación de la *imago* Dei y teleología doxológica como orientación última hacia el Bien.

El drama teológico entre Erasmo y Lutero, lejos de resolverse en una dialéctica estéril, revela su fecundidad doctrinal en esta articulación sincrética: la libertad, como participación finita del Bien, constituye la estructura misma de la obediencia; la gracia, como don preveniente y cooperante, es el principio que restituye la potencia herida a su verdad ontológica. Así, la criatura, "esclava de su libertad", únicamente alcanza su plenitud cuando, sin dejar de ser libre, se deja configurar por la acción divina, convirtiendo su querer en liturgia existencial y su contingencia en transparencia doxológica del Misterio que la sostiene.

Dado en Villanueva del Río y Minas, el 11 de noviembre de 2025.

Memoria de San Martín de Tours, Obispo.

BIBLIOGRAFÍA

Zickendraht, K. (1909). *Der streit zwischen Erasmus und Luther über die willensfreiheit.* J.C. Hinrichs. Leizpig

Denzinger, H., & Rahner, C. (1959). *Enchiridion symbolorum definitionum et declarationum de rebus fidei et morum* (31ª ed.). Herder. Barcelona.

McSorley, H. J. (1969). *Luther: Right Or Wrong: en Ecumenical-theological Study of Luther's Major Work 'The Bondage of the Will'.* Newman Press and Augsburg Publishing House. Lancaster, Pensilvania.

Tracy, J. (1987). "Two Erasmuses, Two Luthers: Erasmus' Strategy in Defense of *De Libero Arbitrio*". Archiv für Reformationsgeschichte, 78(jg), 37-60. https://doi.org/10.14315/arg-1987-jg03.

San Juan Pablo II. (1993). *Veritatis splendor.* Vaticano. https://www.vatican.va/content/johnpaulii/es/encyclicals/documents/hf_jpii_enc_06081993_veritatis-spendor.html

Von Schelling, F. W. J. (2004). *Investigaciones filosóficas sobre la esencia de la libertad humana y los objetos con ella relacionados.* Anthropos Editorial. Barcelona. Trad. Helena Cortés y Arturo Leyte.

Kant, I. (2005). *Crítica de la razón práctica.* Fondo de Cultura Económica. México D. F.. Trad. Dulce María Granja Castro.

De Molina, L., S. I. (2007). *Concordia del libre arbitrio con los dones de la gracia y con la presciencia, providencia, predestinación y reprobación divinas.* Fundación Gustavo Bueno. Oviedo. Trad. Juan Antonio Hevia.

Heidegger, M. (2009). *Ser y tiempo.* Trotta. Madrid. Trad. Jorge Eduardo Rivera.

Kierkegaard, S. (2013). *El concepto de la angustia.* Alianza Editorial. Madrid. Trad. Demetrio Gutiérrez Rivero.

de Aquino, S. T. (2014). *Suma teológica mínima.* Tecnos. Madrid. Trad. Julio Hermoso Oliveras.

Pascal, B. (2014). *Pensamientos* (selección). Rialp. Madrid. Trad. Rafael Gómez.

Leibniz, G. W. (2014). *Teodicea. Ensayos sobre la bondad de Dios, la libertad del hombre y el origen del mal.* Biblioteca Nueva. Madrid. Trad. Jacobo Muñoz.